JN329280

抱っこで育つ「三つ子の魂」

幸せな人生の始まりは、
ほど良い育児から

金子龍太郎

明石書店

はじめに

古くからのことわざ「三つ子の魂百まで」には、とても大切な意味が込められています。つまり、幼いときに育まれた魂という心の基盤は、人の生涯にわたって影響を与え、人の幸せと不幸せを大きく左右するのです。もちろん、乳幼児期で人生のすべてが決まるわけではなく、その後の体験や出会いによって変わっていきますが、それでも幼いときの育ちがその後の人生に影響を与え続けると多くの人生物語が示していますし、現代科学によっても明らかになっています。では、どのように魂を育てればいいのでしょうか。

私は発達心理学を学び、児童福祉施設職員として、そして父親として生きてきた経験と知識から、理想的な満点の育児をめざさなくても、健全な「三つ子の魂」を育てるには、60点のほど良い育児で十分だと考えています。育児には間違いも失敗もつきものですから、完璧をめざさず、時には手を抜きながら、親のペースを保って育児を楽しんだらどうでしょう。そして、子どもの要求に100%応えなくてもよく、たとえば抱っこでは一日中抱き続ける必要はなく、一日5~6時間の触れあいで十分ですし、お母さんがつきっきりで育てなくても、お父さんや色んな人に相手をしてもらって息抜きしてもいいでしょう。また、0歳からでも保育環境の整った園に預ければ、親が日中関われなくても、朝晩と休日の触れあいで大丈夫です。さらに、育児書、あるいは専門家や第三者の意見にとらわれずに、それぞれの家庭の事情と子どもの個性に応じた柔軟な子育てが、親の精神衛生と子どもの心の育ちにとって大切です。わが子のかわいらしさにいやされながら、楽じゃない子育てを楽しくこなしていきましょう。

満点をめざす親がきびしくしつけて、いくら〝いい子〟になっても、夜遅くまで勉強させて〝秀才〟になったとしても、心が健全に育っていなければ、その子の人生は不幸になるでしょうし、家族の悩みも尽きません。この本では、色んな資料を通して、どのように心を育てれば幸せな人生を送れるのか探っていきます。

まず第1章では、「三つ子の魂百まで」を説明するために、ことわざに込められた先人の知恵と現代科学の知識を取り上げます。そして、「三つ子の魂」を分かりやすく示すために色んな人の語りを紹介します。また、三つ子までですべてが決まるのではなく、その後の経験や人間関係の中で様々な能力が育ち、性格が決まっていく様子を紹介します。

次の第2章では、産まれつき備わっている赤ちゃんの特長を説明します。中でも、おっぱいと抱っこは、哺乳類で霊長類でもある人類が数千万年の年月をかけて進化してきた過程で備わった、生きる上でなくてはならないものです。そして、人間の赤ちゃんは高い感覚能力と豊かな社会性を持っていて、産まれたときから人の顔と声に関心を向け、目の前の人の表情をまねしますし、泣いて親を呼び、抱かれるとほほえんで親の心をひきつけるという、他の動物に見られない高いコミュニケーション能力を備えているのです。これらの能力の中でも特に、赤ちゃんに安心感を与える抱っこを通して「三つ子の魂」が育つ様子やスキンシップが大切な理由を説明します。

続いて第3章では、夫婦が協力して子育てする根拠と意義をお話しします。人間のお産は哺乳類の中で一番難産ですし、長い妊娠期間を過ごすのも大変です。そんな困難な妊娠と出産を終えて、一人では生きられない赤ちゃんを抱えて、手のかかる育児をお母さん一人だけで行うのはとても無理なので、人類は父親という存在を作って、家族が協力して子育てするように進化しました。ですから、育児の基本は〝夫婦円満〟です。

しかし、日本社会の現実は「父は仕事、母は家庭」の生活を送る中で、仕事にほとんどのエネルギーを使ってしまうお父さんを横目にして、お母さん一人が育児しなければなりません。多くの家庭では周囲に助けてくれる人も相談する人もいない状況で、特に専業主婦は子育てに強い不安を抱いています。ですから、仕事に追われるお父さんであっても、帰宅したら10分でも子どもと関わり、お母さんを支えて夫婦の絆を強めてもらいたいと願います。また、共働きの家庭では、保育園への送り迎えや家事と育児で、夫婦二人の協力と役割分担が一層大切になります。きびしい子育て環境の中でがんばるお母さんとお父さんが、少しでもよい状態で子どもに向きあえるよう、ほど良い育児によって健全な「三つ子の魂」を育てれば、その後の育児はそんなにむずかしくないのですよ、と本を通して伝えていきます。

繰り返しますが、「三つ子の魂」は人生80年の間、影響を与え続けます。最後の第4章では、幼少期に健全な魂を育てておくのが人の生涯にとっていかに大切かを伝えるために、親の愛情をもらえなかったり、きびしくしつけられて「三つ子の魂」が傷ついてしまった人たちが、その後どんなにつらい人生を歩んだかを、有名人や小説の主人公に探ります。誤った子育てによって傷ついた魂を持つ人が、いかに苦しい人生を歩んできたかを知って、親として二度と同じ過ちを繰り返さないように子どもと関わっていただきたいのです。その一方で、とっくに三つ子を過ぎた傷ついた魂であっても、その後に出会った人たちに支えられて、幸せな人生を送っている実例を紹介します。

こうして、生涯にわたって人生の土台となる「三つ子の魂」を頭に置きながら本を読み進めていって、親子ともども幸せな人生を送るヒントをつかんでいただきたいと著者として切に願っています。

金子龍太郎

目次

抱っこで育つ「三つ子の魂」

幸せな人生の始まりは、ほど良い育児から

第3章　夫婦の協力が魂を産み育てます

第4章 傷ついた魂を救うのは、やはり魂です

第1章

これで「三つ子の魂」が分かります

森の小川

1　三つ子は3歳ではありません

人の幸せと不幸せを決めるのは、その人の心です。人の心がどのように成り立っていて、どのように育っていくのかを知るために、ことわざの「三つ子の魂百まで」から探っていきましょう。

江戸時代から言い伝えられてきた「三つ子の魂百まで」の三つ子というのは昔の数え年で、胎児の間も年齢に含めますので、産まれた時には1歳で、お正月を迎えると1歳ずつ増えていくのが数え年の計算です。ですから、現代の満年齢では三つ子は1～2歳の幼子なのです。たとえば、12月30日生まれの赤ちゃんだと、生まれた日に1歳となり、2日後のお正月に2歳を迎えます。そして、翌年のお正月に数え年3歳になるのですが、その時満年齢ではまだ1歳0か月です。また、1月2日生まれの赤ちゃんの数え年は、翌年のお正月には2歳になり、次のお正月に3歳を迎えますが、その時の満年齢は1歳11か月です。つまり、昔の人がいう三つ子は正確な年齢を表しているのではなく、胎児の時から1～2歳までの幼子なのです。この時期は、話し始め、歩き始めたばかりで、まだおっぱいを吸っている子どももいるでしょう。

さて、こうして見ると、三つ子が満年齢の3歳だとして、3歳までは家庭で母親が育てなければいけないという「3歳児神話」や、3歳までで知能が決まってしまうという早期知的教育の主張が、最初の段階で間違っているとお分かりになるでしょう。私が「三つ子の魂」をこの本の中心に置いたのは、3歳児神話を見直すと共に、昔の人の知恵の結晶といえる「三つ子の魂百まで」の正しい知識を皆さんに持ってもらって、本当に大切な「魂」を育てる営みをしてもらいたいからです。

「3歳までは家庭の中で母親自身が育てないと、生涯にわたって子どもに悪い影響がある」という「3歳児神話」は、1961年に池田内閣の「人づくり政策」のもとで生みだされました。池田総理は「人づくりの根底は、よい母親が立派な子どもを生んで育てることなんだ」と演説し、それを受けて厚生省のお役人が「3歳までは母親が家庭で育てるのがよい」と主張したのです。そして、国の方針として3歳児検診が開始されたのに加えて、NHKが1964年から「3歳児」という母親向けの番組を放送し、母親の役割を強調した3歳児ブームが全国に広がりました。

しかし、3歳までは家庭で母親だけが育児に専念しなければならない科学的根拠を私は知りません。科学的根拠がないから〝神話〟なのではないでしょうか。そして、この神話は日本だけで広がったのです。たしかに、保護を必要とする乳幼児期には、誰かが見守り世話をする必要があり、一番適しているのは実の母親です。しかし、事情によっては他の家族が世話したり、一時的に家族以外の人が代わって育児をしてもいいのです。昔はそんな家が多かったし、今日でもそれぞれの家庭の事情によって、保育所に預けてもよいでしょう。つまり、主に育児を担うのは母親だとしても、そのことと母親だけが家庭で3歳までの子どもを育てなければならないのは別問題です。むしろ、母親だけの育児による育児不安や母子密着の弊害に気をつけないといけません。

元々、3歳児神話の根拠になったのは、イギリスの児童精神医学者ボウルビィの理論でした。しかし、ボウルビィは保育園に預けられた子どもの研究をしていませんし、「3歳までは母親が家庭で育てなければならない」などとは言っていません。ボウルビィの研究とは、1940年代ヨーロッパとアメリカの孤児院で暮らす乳幼児を調査して、孤児院の女性職員が人手不足のために、抱いたり話しかけるなどの母性的養育に欠けているから、子どもたちの表情が乏しく、心身の発達が悪かったのだと主張したのです（ボウルビィ、1951年）。それが日本に紹介されたときに、孤児院職員による母性的養育＝実の母親による育児と誤って伝えられ、家庭での母の手による育児の大切さを証明する理論だと受け取られたのです。どうも日本では、無理やり母親に結びつける傾向があるようです。

3歳児神話が広がった高度成長期の間、母親は家庭で育児に専念する一方で、父親は家庭を顧みずに一生懸命働き、奇跡的といわれる経済成長を成し遂げて、私たちは豊かな生活を得ました。しかしながら、依然として少子化が進み、母親の育児不安や子どもの虐待が増加したのをみて、政府は方針を見直す必要性にせまられたようです。その結果、平成10年度（1998年）の厚生白書で、次のように3歳児神話が否定されました。

「母親が育児に専念することは歴史的に見て普遍的なものでもないし、たいてい育児は父親（男性）によっても遂行可能である。また、母親と子どもの過度の密着はむしろ弊害を生んでいる、との指摘も強い。欧米の研究でも、母子関係のみの強調は見直され、父親やその他の育児者などの役割にも目が向けられている。三歳児神話には、少なくとも合理的な根拠は認められていない」

私も同意見ですが、日本にはまだまだ神話を信じている人々は多いようです。その後、厚生労働省は2002年に「三歳児神話というのは、明確にそれを肯定する根拠も否定する根拠も見当たらないというのが事実」と修正しました。

一方、文部科学省の検討会では、2005年に学者で構成された委員会が「適切な情動の発達については、3歳くらいまでに母親をはじめとした家族からの愛情を受け、安定した情動を得て、その上に発展させていくことが望ましいと思われる」と報告しましたが、母親だけではなく、家族を含むこの意見に私は賛成します。手のかかる乳幼児だからこそ、母親だけに負担をさせるのではなく、夫をはじめとした家族の手が必要なのです。

さて、3歳では遅すぎるとして、1、2歳からの知的教育を始める親は少なくありません。

早期知的教育が広まったのは、1971年に出版された井深大《いぶかまさる》さんの『幼稚園では遅すぎる——人生は三歳までにつくられる!』の影響が大きく、この本は大会社ソニー会長の井深さんが書いて、センセーショナルな題がつけられたためにベストセラーになったのです。あらためて内容を見ると、当時最先端の脳科学の成果を入れて、「生まれてから三歳ぐらいまでのあいだに、人間の能力や性格は、ほとんど決まってしまう」や、「〇歳から三歳ぐらいまでのあいだの教育しだいで、天才をつくろうと思えばつくることもできる」と書かれています。こうした文章を見ると、3歳までに早期知的教育を行わなければ一生悔いが残ると世の親たちが考えて、わが子を幼児教室に通わせたのも無理はありません。しかし、この本をよく読むと、幼児期の知的教育を勧める内容ではなかったと分かります。

井深さんは、幼児教育の唯一の目的は「柔軟な頭脳と丈夫な体をもった、明るく素直な性格の子どもに育てる」であり、「毎日毎日の育児こそが、本当の幼児教育。母親の子どもに接する態度や感情が、子どもの心に影響を及ぼす」と書いているのです。次に、幼児教育とは特別な訓練をするのでなくて、仲のよい両親がいる明るくなごやかな家庭の中で行われるもので、知能指数や覚えた漢字の数などは重要ではないと述べています。そして、親の心得として「子が何に育つかを、みずから発見できるための選択の可能性を、なるべく豊富に与えてやることこそ親の務めです。子どもの将来というものは、だれのものでもなく、その子ども自身のものだからです」と教えます。さらに、後になって井深さんは、自分の本によって早期知的教育が流行したことを悔やんで、「本当に必要なのは、知的教育よりも、心の教育であり、私が問いたかったのは、そのために母親が果たす役割の大切さだったのだが……」と語っているのです。最後に井深さんは、本当に大切なのは知育の前の「心育て」だと確信して、大切な時期の中に胎児期を含めるようになったのでした。

早期知的教育の問題点は、小さい時は親に従って習いごとや教室に行ったとしても、小学校高学年になって興味を持たなくなった場合には、親が無理やり通わせても、成績が落ちて他の子に追い抜かれてしまい、自信を失う場合があるのです。昔から、小さいときに賢いと評判だった子が、大きくなるにつれて普通の子どもになるという「十で神童　十五で才子《さいし》二十過ぎれば只《ただ》の人」に当てはまる子は今もたくさんいます。秀才や天才はつくるのではなく、秀才は自分から努力し、天才は恵まれた才能を持って生まれるのですから、早期教育ですべての子どもが秀才や天才になれるわけありません。元々、知的能力の高い子どもが主体的に勉学を積み重ねていくから、成人になっても優秀なのです。幼いころから能力の高い子どもについては、昔から「梅檀《せんだん》は双葉より芳《かんば》し」や「一を聞いて十を知る」などのことわざで言い伝えられてきました。本当に賢い子どもは一回聞いただけで理解していくので、予習や復習をする必要がなく、自分からどんどん学んでいくものです。一人ひとりの子どもの能力や興味・関心を尊重して、教育を進めてもらいたいと願います。

また、平凡な親から才能ある子どもが産まれる「トンビがタカを産む」の一方で、親と同じような普通の子が育つ「カエルの子はカエル」ということわざがあります。さらには、タカがトンビを産んで、親ががっかりする例もあるようです。同じ親のもとに産まれ育っても、子どもによって能力や興味・関心が違います。ですから、親の期待通りには子どもの学力は育たないと考えた方がよさそうです。中でも、会社社長や重役、医者、弁護士、官僚、そして大学教授など、高学歴で社会的地位の高い職業の親は、わが子に期待しすぎないよう注意しないといけません。

それでも、今どきの幼児たちは、早くから色んな事を知っていて、娘の通った幼稚園では同級生の多くが塾や習い事に行っていました。だから、娘以上に読み書き算数ができる子が大半だったのです。そんな5歳の友だちから娘の茜《あかね》はこう言われました。

「あかねちゃん、かけざんもできないの?」

でも、私はできなくていいと思って娘を育てました。かけ算は小学2年生になって、学校の先生から教われればいいのです。それまでは、友だちより遅れていてもしかたがないと考えていました。小学校に上がる前に漢字や算数を教えてしまうと、入学してからの授業がつまらなくて学習意欲をなくしてしまいます。ですから娘には、それまで知らなかった色んな知識を教えてくれる小学校の先生を尊敬して、キラキラした瞳で学校に通う一年生になってほしかったのです。

人の一生を眺めてみると、乳幼児期の影響は大きいものの、その時期ですべてが決まってしまうわけではありません。児童期や青年期の過ごし方や出会う人によって人生は大きく変わっていきます。ですから、三つ子の間にすべて決まってしまうから乳幼児期の育児が大切なのではなくて、幼い時期に健全な「魂」を育てなければ、後になって色んな心の問題が出てきて、悩みを抱えて苦しい人生を送る可能性が高いから大切なのです。

昔から稲作農家では、苗の良し悪しがその年の収穫の半分を決めてしまうという「苗半作」の教えに従って、根の張った良い苗になるように種から大切に育てて田植えに備えてきました。この苗半作は子どもの教育にも当てはまります。つまり、苗にあたる三つ子の間ですべてが決まるのではなく、半分決まるのであって、あと半分はその後の人間関係や経験に左右されるのです。したがって、幼いときにはしっかり根を張らせる教育、つまり「三つ子の魂」を育てることに力を注ぐべきです。

これに関して、江戸の町民が子どもを教育する際の心得を伝える「江戸しぐさ」を紹介します。江戸の人たちは、人間は脳と身体と心からなりたっていると考え、脳と身体を結ぶ心を最初に育てるようにしたのです。その後に、しつけと教育を行います（越川・林田、2006年）。

三つ心——満2歳までに、十分愛情を注いで心を育てる
六つ躾——5歳までに、おじぎやあいさつなど様々なしつけをする

表1　「江戸しぐさ」に対応した子育て

江戸しぐさ	年　齢	主に関わる事柄
三つ心	胎児期～2歳 （乳幼児）	三つ子の魂
六つ躾	2歳～5歳 （幼児）	躾、六つ子の魂、社会性
九つ言葉	5歳～8歳 （小学校低学年）	学力、躾、社会性
十二文	8歳～11歳 （小学校高学年）	文章力、学力、躾、社会性
十五理	11歳～14歳 （中学生）	論理力、学力、躾、社会性

九つ言葉——8歳までに言葉づかいを教える
十二文《ふみ》——11歳までに手紙の書き方を教える
十五　理《ことわり》——14歳までに物事の意味を理解できるようにする
末決まる——14歳までの教育で、その後の人生が決まる

こうして、江戸時代の寺子屋の先生は教え子たちの個性を尊重して、人づきあいが上手だから商人、手先が器用だから職人、あるいは勉強が好きで理解が早いから学者にと、一人ひとりの人生の道を示してあげたのです。

「江戸しぐさ」にならえば、乳児期から始まる心の教育の次に、10数年にわたる子ども時代にしつけと教育を行い、その子の適性を見つけてやるのが親と教師の役割だといえるでしょう（表1）。

2　これが科学の教える「三つ子の魂」です

「魂」を辞書で調べると「生きものの体の中に宿って、心の働きをつかさどると考えられるもの」（大辞泉）とありました。そして、江戸時代からのことわざ「三つ子の魂百まで」は、「幼い時の性質は老年まで変わらない」（広辞苑）、「幼い頃の性格は、年をとっても変わらないということ」（故事ことわざ辞典）と説明されています。続いて、故事ことわざ辞典の注意書きには、「幼い頃に習ったり覚えたりしたことには用いない」とあり、誤った使い方の例として「三つ子の魂百までだから、音感が良くなるように今すぐピアノ教室に通わせよう」をあげているのです。昔から、物心《ものごころ》がついていない三つ子の間は、経験したことや学んだことを忘れてしまうと言われてきました。最近では脳の研究が進み、2、3歳までの乳幼児には、脳の中の海馬《かいば》と呼ばれる部分が発達しておらず、長期記憶の能力が育っていないことが分かっています。一方で、感情の記憶は脳の中の扁桃体《へんとうたい》に残っていて、成長した後も一生保存されるのです。この感情の記憶が「三つ子の魂」に結びつきます。その後、「物心がつく」3、4歳になれば、大人と同じ記憶ができるようになり、教わったことを長い間覚えて学習が進んでいくのです。

さて、辞書の中では「三つ子の魂百まで」について、性質や性格は年をとっても変わらないと説明されていますが、子ども時代の性質や性格が大人になるにつれて変わっていく人がいるという事実は、子どもの頃から大人まで10~20年に及ぶ研究が積み重ねられた結果、明らかになっています。中には、すっかり変わってしまった人もいたのです。また、生まれつきの個性、つまり気質も成長につれて変化していきます。そうなると、魂を性質・性格だと言えなくなります。実際、辞書には魂の説明として性質や性格の言葉はありません。

ここで、魂の説明にあった「心の働きをつかさどるもの」から考えて、私は「三つ子の魂」とは「胎児の時から1、2歳までの間に育ち、その後の人生に影響を与え続ける、大切な心の基盤」だとまとめました。そして、2歳までで決まるのではなく、人格の基礎として、その後の人生に影響を与え続けるのが「三つ子の魂」で、それが「百まで」続くと考えたのです。

色んな本を読んでみますと、専門家の方々がそれぞれの言葉で「三つ子の魂」を語っていて、育児書にも紹介しています。たとえば、精神科医の明橋大二《あけはしだいじ》さんは、「3歳までにいちばん大切なことは、子どもに安心感を与え、自分はこの世の中に、生まれてきてよかったんだ、周りは自分を大切にしてくれるんだ、という、基本的信頼感、自己肯定感を育むことなのです」と書いています（明橋、2006年）。私もその通りだと思います。

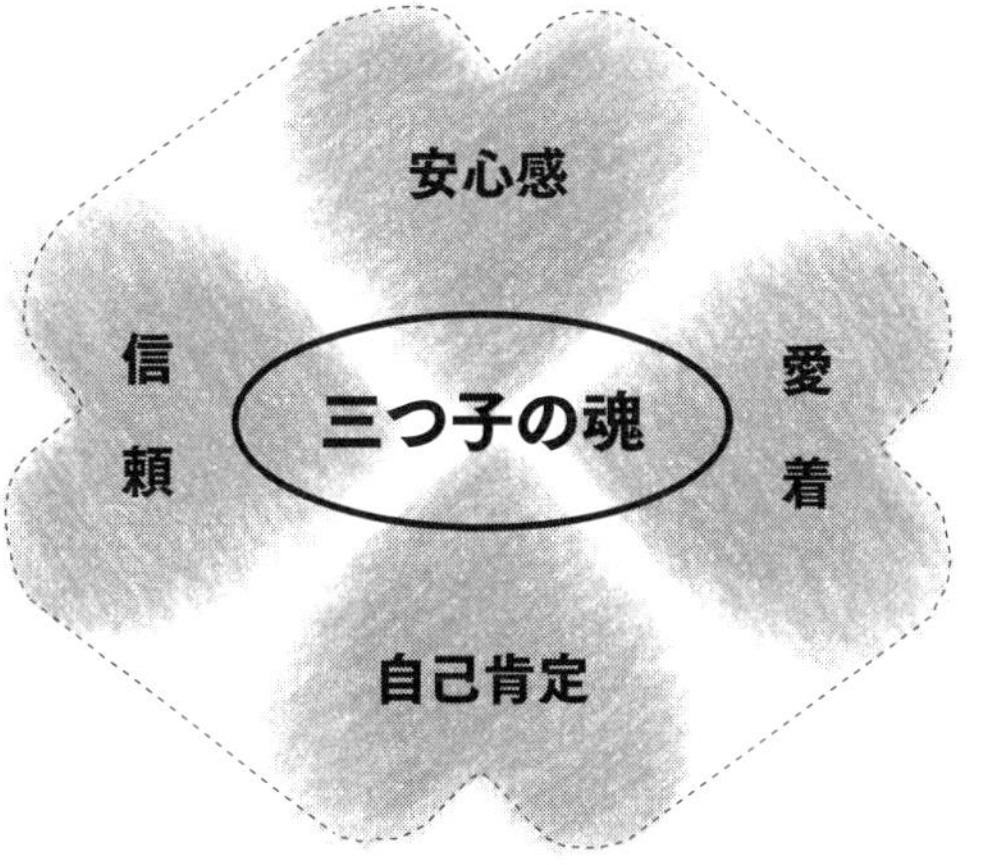

図1　「三つ子の魂」を構成する4つのハート（模式図）

そうした文章を参考にして私なりにまとめますと、健全な「三つ子の魂」とは、安心感が基礎となって、基本的信頼感、自己肯定感、そして安定した愛着となったのです。四つの言葉は、それぞれ重なっている部分がありますし、どれか一つに絞れないので、四つの言葉全部を使って「三つ子の魂」を表しました（図1）。これから、科学者が研究してきたそれぞれの言葉を説明します。

1　安心感

安心感は赤ちゃんの心が健全に育つための基本です。とてもひよわで、自分では動けず自分を守れない状態でこの世に産まれた赤ちゃんは、不安でたまらなくて全身で泣いて訴えるのです。オギャーと産声を上げるのは、胎内とは違う、まったく知らない世界に出てきて、不安で一杯になり、パニックになったからです。不安で泣き叫ぶ赤ちゃんをお母さんの胸に抱くと、すぐに安心してピタッと泣きやみます。その後も、不安になると泣いてお母さんを呼ぶたびに、その訴えに応じて笑いかけ話しかければ、赤ちゃんの不安がおさまるのです。

赤ちゃんの安心感を直接調べた研究を私は知りませんが、サルの赤ちゃんを隔離した実験を重ねたアメリカの動物心理学者ハーロウは、1971年に出版した本『愛のなりたち』の中で、サルの赤ちゃんが安心感を持つのは、母ザルのような柔らかい感触のものにしがみつくからだと説明しています（ハーロウ、1971年）。ハーロウの有名な実験として知られているのは、産まれたばかりの赤ちゃんザルを母ザルから引き離して、サルの姿をした二つの人形を入れたオリの中で飼育したものです。一つの人形は哺乳びんがついている針金製。もう一つは、哺乳びんがなくて毛布でくるんだ人形でした。観察した結果、赤ちゃんザルはミルクを飲むときだけは針金製の人形のところへ行きますが、それ以外のほとんどの時間は毛布製の人形にしがみついて過ごしたのです。つまり、赤ちゃんザルの安心感を満たすためには、母ザルのような柔らかい人形にしがみつく、つまり身体接触が必要だったのです。

この研究結果を人間に当てはめると、哺乳びん付きの毛布の人形はお母さんで、哺乳びんなしの毛布の人形は、お母さん以外の人、つまり母乳を与えないけれど抱っこができる人たちとなります。ですから、父、兄姉、祖父母、そして保育者が子育てする意義があると考えられるのです。たくさんの人から安心感をもらえた赤ちゃんは、この世界で安心して生きていけるでしょう。

2　基本的信頼感

アメリカの心理学者エリクソンは、1959年に生涯にわたる人格の形成を理論づけ、乳児期に育つものを基本的信頼と名づけました（エリクソン、1982年）。基本的信頼は、他の人への信頼と自分への信頼という二つからなっていて、他の人への信頼とは「この人は決して私を見捨てない」という感覚で、自分への信頼は「自分は人から愛される価値のある存在だ」という思いで、自己肯定感につながります。

この基本的信頼感は、親に愛情深く大切に世話される中で育っていきます。その際、親の愛情とは無条件にわが子を愛し、わが子の幸せを自分の幸せと思える心です。また、基本的信頼感は、乳幼児のときの関わりだけで決まるのではなく、たとえ乳幼児期に親から愛されなかった場合でも、幼児期以降の親以外の人たちから大切にされれば、親からもらえなかった信頼感を得て、人に対する信頼が深まっていくのです。

エリクソンの理論を受けて、精神科医の佐々木正美さんは「豊かな生涯を送るために、人生のスタートでもっともたいせつに育てられなければならないことは、人を信頼することなのです」と記しています（佐々木、1998年）。

3　自己肯定感

自尊心の研究を続けてきたローゼンバーグ（アメリカの心理学者、1965年に発表）に基づいて、研究者たちが高い自尊心を自己肯定感や自信と説明したのをうけて、日本の研究者が自己肯定感という言葉を広めました。最近は、育児書や教育書にもよく出てきて、多くの人に知られるようになっています。親がわが子を見つめて、ほほえみ、やさしくなでたり抱っこしたりすると、赤ちゃんは親を信頼できて、安心して日々過ごす中で、自分は親から「大切にされている」「かわいがられている」「生きていていいんだ」という思いが育っていき、1、2歳までに「自分を好ましく思い、自分を肯定する感情」である自己肯定感（高い自己評価、自信）の土台ができあがるのです。精神科医の明橋さんは、私たちが生きていくうえでいちばん大切なのは自己肯定感を持つことだと述べています（明橋、2006年）。

4　安定した愛着

産まれたときから赤ちゃんは、泣く、ほほえむ、吸う、しがみつく、後追いする、という行為によって、自分を育てる人に保護してもらおうとします。それに対して、育てる人が話しかける、笑う、見つめる、抱く、おっぱいをあげると、1歳頃までに二人の間には特別の関係ができてきます。赤ちゃんは、特定の人に保護してもらって安心感を得ますし、その人がいつも自分を守ってくれるという信頼感が育つのです。これをイギリスの児童精神医学者ボウルビィは愛着（アタッチメント）と名づけて、1969年には世界的によく知られた愛着理論を作り上げたのです。愛着の形成がうまくいくと、1歳になった子どもは、育てる人の姿が見えると喜んで抱かれようとしますし、いなくなると泣いて後追いします。これが安定した愛着です。その一方で、育てる人が不適切な扱いをしたり、たたくなどの虐待をした場合、その人に抱かれようとしないとか、姿を消しても泣かないなどの特長がある不安定な愛着や、愛着ができてこない無愛着や愛着障害になる場合もあるのです。

最初ボウルビィは、乳幼児が愛着を形成するのは母親一人だけだと言っていましたが、その後修正して、母親でなくても他の人（父親、祖父母、兄姉、保育者など）でも愛着は生じるし、同時に複数の人にも形成されると説明しているのです。修正された彼の考えを紹介します。

最初の頃から、多くの子どもは愛着行動の対象となる人物を1名以上もっている。しかし、これらの人物は同様に扱われるのではない。また、子どもの主な愛着人物の役割は、実母以外の他人によっても満たされ得るのである（『母子関係の理論Ⅰ（新版）』p358、1982年）。

乳幼児の世話をするのは一人で行う仕事ではないということも強調したい。子育てと

家族以外の男の人でも、自分の孫のようにかわいがってもらえると、愛着対象になって安心して抱かれるのです。（１歳）

いう仕事が首尾よくなされ、主たる養育者が疲れ果ててしまわないためには、その養育者には相当の協力が必要である。誰から手助けを得るかはさまざまである。多くの場合、もう片方の親（つまり夫や妻）から、そして多くの社会では子どもの祖母から手助けを得る。その他、10代の女の子や若い女性からの助けを借りることもある（『母と子のアタッチメント』p3、１９８８年）。

また、ボウルビィの愛着理論では、愛着対象の大人が「安全な居場所」となり、その人がいれば子どもは安心して、離れて遊びにいくけれども、不安になると振り返ったり、戻ってきて抱っこされると説明していますので、愛着は安心感と重なっているのです。

何よりも、子どもが安全に過ごせて安心できる家があるから子どもの命が守られて、すこやかに育ちます。しかし、家の中で体罰や暴力が行われるようだと、一番大切な安心感が損なわれてしまいます。それが、私が教育やしつけと称して行われる体罰を否定する第一の理由なのです。

以上、四つの言葉は、いずれも心の基盤といえるもので、それぞれ関連があります。そして共通点として、乳児期の間に親からかわいがられ大切にされる中で育っていく、なくてはならない大切な心と考えますので、私はこれらの四つを合わせて「三つ子の魂」と表しました。そして、以上の研究から分かるように、「三つ子の魂」を育てるのは、母親だけではなく、父親や年長の子どもたち、そして祖父母、さらには保育所の職員も含まれるのです。

繰り返しますと、赤ちゃんの心に育つ大切な魂とは、自分はこの世に生きる価値があって、自分が好きという自己肯定感です。そして、親はいつも見守っていて、かわいがってくれるという親に対する深い信頼と愛着。さらに、この世は楽しく、安心して幸せに生きられるという世界観です。これらの心は胎児の時から2歳頃まで徐々に育っていくので、江戸時代の人々は「三つ子の魂」「三つ心」と表したのです。

「三つ子の魂」は、木にたとえれば根にあたります。根がしっかり張っていないと、成長して幹が太くなり葉が茂ると、風や雨にさらされたときに重さに耐えられなくなって傾いたり倒れてしまいます。つまり、乳幼児期に「三つ子の魂」が十分に育っていないと、小学生時代には問題なくても、身体と心の成長が著しく、不安定な思春期になると、バランスを崩して問題行動を起こしたり、心の異常を訴えるようになるのです。

ところで、「三つ子の魂」を育てるのは親たちの愛情ですが、宗教の中で愛を重んじるのはキリスト教です。キリスト教では神の子イエスがその生涯をかけて人間を大きな愛で包み、人々の苦しみや悩みを取り除き、罪ある人々を救った様子は聖書の中に記されていますが、私は次の一節に関心を抱きました。


「自分を愛するように、隣人を愛しなさい。そして、愛を行いなさい」

（新約聖書「ルカ伝」10章、27－28節）


育児にあてはめると、自分とは親で、隣人は子どもで、愛を行うとは愛情をこめて子育てをすることだといえます。また、「自分を愛する」とは、自分を好きになり、自分を大切に思う自己肯定感です。その思いがなければ人を愛せないのでしょう。今日、子どもを愛せない親たちは、自分自身を愛せない人たちなのかもしれません。

ここで、自分を好きになって、自分を愛せるようになった二人のアーティストの語りを紹介します。まず、キンキ・キッズの一人としてトップアイドルでありながら、人見知りが激しくネガティブ思考の持ち主で、パニック障害や過呼吸にもなり、芸能生活が苦しくてたまらないという堂本剛《つよし》さんが19歳の時に記した文章です（堂本、2005年）。

僕のように、自分の性格に息切れを感じている人は数え切れない程居るでしょうが、僕は、最近、こんな自分でも好きだと想える時があります。それは、こんな言葉が浮かんだ時。〝強い人間にならなくても良《い》い。弱くたって、此処《ここ》ぞという大切な瞬間に強くなれたら、それで良いんだ〟とか、〝強くなった分だけ、自分の痛みや他人の痛みに気付けなくなるのは嫌だ。柔らかい心を失う事が強さなら、弱いままで良い。弱い自分に感謝感謝だ〟とか……。

青く澄んだ空を仰いだ時や、黄昏《たそがれ》時の街を歩いた時などは、この言葉と景色とが重なり、心の底から自分を愛する事が出来る。純粋な自分に戻れる。そして、こんな事を云ってる自分も大好きです。

次は、幼い頃の満たされない思いや学校でのいじめ、さらには恋人の裏切りによって、リストカットと拒食症という精神病理に苦しみながらも、自分を愛すると決めて、人も愛せるようになったシンガーソングライターCoccoからのメッセージです（「自分を好きになれなかったあの頃」You Tube ２００７年9月20日）。

Coccoです。

Coccoの十代の頃は、できそこないのデストロイヤーでした。

何もできないのに、何かできるとおもってて。でも、できないことに腹を立てていて、目に映るものぜんぶぶっ壊しても足りないぐらい、叫んでわめいて、それでも一日一日をやっとつないで生きてました。

大事なのは、自分を好きになることだと思います。自分を愛せなかった10代は毎日大変だったな〜、だけど、あるとき気づいて。こんなに自分のことが嫌いで、じゃ誰が私を愛してくれるんだろうと思ったときに、あ〜自分が愛してあげなきゃと思って。

自分を愛することを決めたら、なんだか周りもいっぱい愛せてきて、そしたらちゃんと愛されてたことにも気づきました。でも、そんなことを大人に言われても。そんなことは大人の話だから、それはみんなが自分で大きくなって、見つけていかなきゃいけない答えだから……。みんながどこに行くのかは分からないけど。

でも、Coccoもたしかに赤ちゃんの時があって、中学生の時があって、高校生の時があって、10代の時があって、20代の時があって、そして今30歳です。まさか、自分がここまで生きてるとは思わなかったけど、生きてて良かったなと思います。

今、歌が歌えて嬉しいと思います。そんな毎日です。

二人とも親や家族の愛情に包まれて育ってきた、才能に恵まれた人物ですが、思春期と青年期に芸能界という厳しい世界で生きてきて、日々苦しみ悩んでいました。それらを乗り越えられたのは、自分を好きになり自分を愛するという、自分への信頼感や自己肯定感を確かめられたお陰だったのです。

3　産まれる前から魂は育っています

かつての日本で数え年を使っていたのは、育児にとって大きな意味がありました。数え年の考えでは胎児は一人の人間ですから、健全な成長のために、父母となる二人は気を配らなければなりません。江戸時代、儒教の一学派、陽明学の大家中江藤樹《なかえとうじゅ》は、１６４７年に女性向けの教則本「鏡草《かがみぐさ》」に、「子育ては胎教から始まる」と説いています。ここでの胎教とは、母親が心安らかに日々過ごし、適度に身体を動かすことなのです。母となる女性の安心感が胎内の子どもによい影響を与えると考えたのでしょう。

現在では、胎教といえばモーツァルトなどのクラシック音楽を聴かせようと考える人が多いでしょうが、江戸時代にはクラシック音楽などなかったのですから、それにこだわらなくていいのです。音楽がなくても、プレママが心安らぐ時間を過ごせればよいのです。ですから、胎児の間の「三つ子の魂」は、四つの構成要素のうちの安心感になります。他の三つは出産後に育てるのです。

妊娠期間中、妻は注意して、身体に入る毒素が胎児に回らないように、アルコールや薬、そしてタバコを控えなくてはなりませんし、夫も家の中ではタバコを吸わないなどの、胎児の健康に気をつけた生活が求められます（松田、1999年）。そして、妊娠の負担やつわりで寝込んだ妻に代わって夫が家事を行ったり、妻が重い荷物を持たないように思いやりを示せば、夫婦の絆が強くなり、妊娠中の妻の情緒が落ち着きます。つまり、妊娠がうまくいくためには夫の協力と支えが必要なのです。

妊娠中の、まだ見ぬわが子への想いはとても大切です。男の子か女の子か分からなくて、顔も知らない中で、どんな子どもであってもわが子の誕生を心待ちにする。この想いが「無条件の愛情」「あるがままの子どもの受容」につながります。二人の愛の結晶だからこそ、母親と父親になる二人は、わが子のすべてを受け入れる決心ができるのではないでしょうか。一組の男女が愛しあい、愛の賜物として子どもが授かったという尊い事実を忘れてはなりません。

1973年、14歳でデビューしてトップアイドルになりながら、21歳で惜しまれながら引退した歌手の山口百恵さんは、映画で共演した三浦友和さんと交際を始めました。人生で初めて男の人を愛した百恵さんは、母になる心境をこう記しています（山口、1980年）。

人を愛して初めて知ったことだが、女に生まれてきた以上、いつ妊娠してもよい状態、子供を産んでもよい状態におかれることは、何よりも幸福ではないだろうか。

愛の極致を知った女が、愛する人の子供を産みたいという気持ちを、私はごく当たり前の健康的な思想だと思っている。どんな困難をも乗り越えて、ある部分、命がけで産もうとする女の勇気。できてしまったから産むのではなくて、望んで産む。新たにこの世に生を受ける小さな命に対して、それは最低の礼儀だろう。たとえ、どんな子供でも我が子として慈しみ育てていく。

女性が妊娠・出産というきびしい試練に耐えて母となり、長い間の育児を行えるのは、父となる男性への愛情があるからだと言えましょう。百恵さんは、三浦友和さん以外の男性を知らないまま理想的な形で結婚しました。妻となり母親となった百恵さんは、二人の息子さんに恵まれて、結婚後30年以上たった2013年には、理想の有名人夫婦のNo.1に8年連続で選ばれているのです。

次に、2013年9月12日に、初めての子どもを出産したタレントの成嶋早穂《なるしまさほ》さんは、喜びをブログにつづっています。

「最愛の人との子供を産めたことは、私の人生の中で1番の素敵な経験となりました。夫と娘と小太郎（愛犬）のためにも、家庭をしっかり守れる母になれるよう頑張ります」。父となったプロ野球広島カープの前田健太投手は、出産に立ち会った後の最初の試合での勝利インタビューで次のようにコメントしました。

「妻もつらい妊婦生活を頑張ってくれたし、小さな命から勇気をもらいました。ここからはボクが頑張る番。死に物狂いで投げていきます」。この年、前田投手は最優秀防御率のタイトルをとったのです。

2013年8月16日には、アメリカ大リーグで活躍する川﨑宗則《むねのり》選手が夫人の出産を控えて産休を取り、試合を欠場して妻に付き添いました。大リーグでは、産休にあたる父親休暇リストを2011年に導入したので、選手は3日までの産休を取れるのです。川﨑選手が所属するブルージェイズの監督は、貴重な選手を欠くことになっても「今は妻と赤ちゃんのそばにいるべきだ」とコメントしています。その前の6月には、同じく大リーグ・ブルワーズの青木宣親《のりちか》選手も2番目の子どもさんの出産に際して産休を取っています。アメリカ大リーグという非常にきびしい競争社会にあって、妻の出産のときには選手よりも、夫と父親として妻と子どもへの配慮を優先するという精神を実現させた大リーグをとてもうらやましく思いました。

プロ野球選手に限らず、どの夫婦でも出産の機会に夫婦の絆を強めたいものです。夫が妻の出産に立ち会えば、妻の大変な苦労を知るでしょう。夫婦の絆が深まるか、ひびが入るかは、出産と育児での夫の姿勢で決まるといっていいでしょう。

今でも出産は、女性にとって命がけの一大事です。人間のお産は、4350種ほどの哺乳類の中でも一番難産だからです。産まれ出る赤ちゃんの頭が大きいのに対して、産道は狭く曲がっていて、陣痛は初産だと12～15時間、経験がある場合でも6～8時間もかかってしまいます。直立二足歩行へと進化した人類の脳が大きく、知的に優れていることの代償といえるでしょう。

妻にとって一大試練となる妊娠・出産は、夫婦の絆を強めるチャンスなのですが、その一方で夫婦の危機を招きかねない危険性もあるのです。妊娠のつらさ、つわりの大変さを理解できない、理解しようとしない夫は少なくないですし、妊娠によって夫婦生活ができなくなったカップルの中には、夫が浮気をして妻の信頼と愛情を失ってしまう事態になったりします。昔から、妻の妊娠期や授乳期には夫の浮気が多いと言われています。妻からすれば、二人の愛の賜物が授かったのに、とんでもない仕打ちだと怒るでしょうが、それが男の性《さが》なのです。でも、男の性《さが》を理性で抑えるのが妻への愛情なのですが……。

このように見ると、産まれる前から育つのは、胎児の魂だけではなく、母親と父親の魂といえるかもしれません。

いずれにしても、妻が心身ともに良い状態で産み育てするには、夫の協力が必要です。それなのに、二人の間に授かった子どもが妻のお腹の中にいるときに夫が浮気した。命がけの出産に夫が付き添わない。新生児を抱えて不眠と過労の日々を送っている上に、何もしてくれない夫の世話が加わる。口うるさい姑《しゅうとめ》から夫が守ってくれないなど、産み育て期に父親の協力がないために、マタニティ・ブルーや産後うつになってしまい、わが子への愛情や好感が憎しみや嫌悪感に変わり、ひどい場合には虐待や育児放棄につながります。かつて児童福祉施設で、わが子を虐待してしまった多くの母親から話を聞いた私は、母親は虐待の加害者というよりむしろ被害者であって、真の加害者は育児に協力しなくて、母親を追い詰める一方の父親なのだと知ったのです。

とにかく、この世に産まれたばかりの赤ちゃんは、愛についても幸せについても何も知らないのですから、親が愛情込めて日々育て、親子が幸せ感を抱いて、親から子へ愛と幸福を伝えていくのです。私たちが、「この赤ちゃんは、お母さんとお父さんに愛されて幸せだね」と感じるのは、赤ちゃんの笑顔です。笑顔や安心しきった表情を見せてくれる赤ちゃんは、お母さんとお父さんと日々触れ合って、愛と幸せを実感していきます。

赤ちゃんがこの世に産まれてきてくれただけで「ありがとう。うれしい！」とお母さんとお父さんが喜びを感じたとき、赤ちゃんを「あるがまま、無条件」に受け入れたのです。この「あるがままの無条件の受容」がとても大切です。なぜなら、赤ちゃんの生命そのものを受け入れるからです。こうして育てられると、赤ちゃんには「自分は大切にされている。かわいがられている」、つまり自分を受け入れる自己肯定感が育ち、親への信頼感が芽生えてくるのです。そして、親に受け入れられた小さな命は、この世で生きる力をつけていきます。

出産後、親子の最初の出会いは大切です。わが子をどのように受け入れるかが、初めての対面で決まります。どの親もわが子の五体満足を願う中にあって、わが子が障害を持って生まれた場合、大半の親は動揺して障害を受け入れられないでしょう。しかしながら、先天性四肢欠損という重度の障害によって、手足がほとんどない五体不満足な状態で産まれてきた乙武洋匡《おとたけひろただ》さんと出産1か月後に初めて対面したお母さんは「かわいい!」と言って抱きしめてくれたそうです。お母さんが初めて抱いた感情が驚きや悲しみではなく、喜びでもって迎えられた乙武さんが、その後積極的で明るい子どもとして育っていったのは、障害を含めて乙武さんのすべてを受け入れた両親が愛情いっぱいに育ててくれたからなのです。そして、今では30歳を過ぎた乙武さんは、未熟な面を持ち、欠点もいっぱいある自分が好きだという、親から育まれた自己肯定感を改めて感じています(乙武、2013年)。

　僕は、けっして完璧な人間などではない。それでも、自分が好き。至らない自分、欠点だらけの自分、弱い自分、手足のない自分——そんなあれやこれやを全部ひっくるめて、僕は、乙武洋匡という人間を、いとおしく思っている。

　もう一人、先天性四肢障害によって、右手に指が一本もないわが子を出産したお母さんが、動揺しながらも受け入れた様子を紹介しましょう(先天性四肢障害児父母の会、1999年)。娘の障害を告げられたお母さんは、さすがにショックを隠せませんでしたが、それを振り払

うように、

「大丈夫です。私、どういう子が生まれてきても、きちんと育てるつもりでした。子どもに会わせてください」と求めました。看護師にわが子を手渡してもらったお母さんは、何ごともなかったかのように胸に抱き、

「はじめまして、お母さんだよ」と声をかけたのでした。

その子が小2になった時に、次のような作文を書きました（先天性四肢障害児父母の会、2003年）。

「大好きな自分」　川本美森《みもり》

わたしの大好きなところは、自分の手です。わたしの手はできないことはいろいろあるけれど、できるところもあります。たとえば、このごろれんしゅうしてできるようになったのは、にじゅうとびとさか上がりです。でも、とびばこはにがてです。四だんまではとべるけど、どうしても五だんでつっかかってしまいます。どうしてかなあとおもいます。とびばこにひつようだとおもうのは、ジャンプりょくです。ジャンプりょくをうまくつかいたいです。

この作文からは、強い意欲と自己肯定感が読み取れます。障害のある手を「大好き」と言えるのは、産まれたときから美森ちゃんを受け入れて、今まで育ててくれた母親の愛情の賜物《たまもの》でしょう。出生直後のわが子を無条件に受け入れたあかしが、何ごともなかったかのようにわが子を胸に抱くという行為だったのです。

4　産まれた時から自立は始まります

　産まれたときには、身体・運動面が未発達で、多くの世話を親にしてもらわなければ生きていけないひよわな赤ちゃんですが、目は見えて耳も聞こえて、人の顔と声に関心を向けて、人と関わる能力を持っているのです。そうして、日々の親子の関わりの中で、信頼感、自己肯定感、そして愛着が徐々に育っていきます。寝返りやハイハイができるようになる生後半年を過ぎると、好奇心一杯で周囲を探索し始めます。しかし、親から見れば、危ない行為だったりいたずらですからやめさせます。叱ったりもするでしょう。

　育児書の中には、「この時期の赤ちゃんをすべて受け入れてあげて下さい、叱ってはだめです」と書いている本を見かけます。日本では昔から小さい子どもに対して大らかで、あまり叱らず、仏教の教えにも「子ども叱るな、来た道じゃ」とあるのです。しかし、なるべくわが子を叱らないようにはできますが、まったく叱らない育児は無理です。子どもを無条件に認め、ありのままの子どもを受け入れるというのは、すべてを受け入れるのとは違います。親がしてほしくない場合にやめさせる必要性は乳児期からあります。

「叱らない育児」を主張した小児科医で育児学者の平井信義《のぶよし》さんは、3人の子どもさんをほとんど叱らずに育てて、8人のお孫さんをまったく叱らなかったそうです。でも、そのためには自宅の8畳の部屋を保育室にして、障子を破られても仕方がない、何をしてもよい部屋にする必要がありました（平井、1994年）。そして、おばあちゃんと二人でお孫さんを育てるという恵まれた条件があったのです。叱らない育児は理想的で100点満点だとしても、親がみんな満点をとれるはずありません。むやみに叱るのが悪いと分かっていても、つい叱ってしまいます。だから、時には叱ってしまい、親として60点と採点されても仕方がないと思います。

ただし、叱り方が大切です。デンマークの野外保育・森のようちえんでは、大声で幼児を叱っている声を耳にしません。叱るときには、その子の目を見つめ、なぜいけないかを大人に話すように言い聞かせて、きちんと叱るのです。いい加減な声で「ダメヨ～」なんて叱ってはいけません（石亀、1999年）。

小さな赤ちゃんであっても、がまんして待つことを覚えさせなければなりません。たとえば、生後数か月で車に乗せて出かけるときには、安全のためにチャイルドシートに固定する必要がありますから、いくら泣いてもシートから抱き上げないのだと赤ちゃんに教えます。これが乳児期のしつけで、がまんや自己コントロールができる能力を赤ちゃんは持っているのです。

生後半年過ぎて、はいはいができるようになると、危ないものや壊されては困るものを触っていたらやめさせるでしょう。しかしその前に、それらを赤ちゃんから遠ざけておいて、叱らなくてもよいように片づけるのも必要です。あるいは、いたずらしてもよい環境づくりも求められます。たとえば、ティッシュペーパーを次から次へと引き出して困る場合、気のすむまで全部引き出させたあとで、大きなビニール袋に入れて、そこから親が出して使うようにすれば、赤ちゃんは満足できますし、親も大きな被害を受けなくてすみます。こうして、なるべく叱らないようにしたいものです。どんな親でも、感情的になって、多かれ少なかれわが子を傷つけてしまいます。私たちはみんな傷ついて育ってきていて、傷ついていない人などいませんが、その傷をできるだけ小さくするのが親のつとめだと思います。

赤ちゃんの好奇心や探究心はとても旺盛ですし、赤ちゃんの力では自分の心を制止できず、親がやめさせたり、気分を変えてあげないといけません。また、抱っこや食べ物などを要求どおり、いくらでも与えるのがいいわけありません。して欲しいことを何でもしてもらえるのではないと教える必要があり、これがいわば乳児期の教育といえます。教育学の教科書には必ずのっているフランスのルソーは、「あなた方は、子供を不幸にするいちばん確実な方法は何であるかご存じだろうか。それは、何でも手に入れるという習慣を子供につけることだ」という名言を残しているのです。

発達心理学者の根ヶ山光一さんは、親が子どもをわずらわしがったり、憎らしく思うのは、ごく当たり前の感情だといいます（根ヶ山、２００6年）。こうした、子どもへのマイナス感情は、親の愛情不足ではなく、親として失格なのでもなく、むしろ結果として子どもを自立させるのに役立つプラスの面があるのです。しかし、日本の育児では、スキンシップや愛情、そして保護といった面ばかりが取り上げられていて、子どもに愛情を注ぐよう強調していると根ヶ山さんは続けます。

現実の育児場面を観察すると、親子が離れる時間のほうがずっと多いのです。寝ている時間は12時間ほどですし、起きていても一人できげんよく遊んでいます。家という安全な場所で、親から離れて赤ちゃんが活動しているから将来の自立につながるという、親子が離れていることの積極的な意義を根ヶ山さんは主張するのです。好奇心がおうせいな子どもは、親以外のいろんなものに興味を持つようになり、わが子の世話が少なくなる親は、育児以外の仕事ができるようになって、子離れと親離れが同時に進んでいくのです。

親子の分離を改めて見てみると、実は胎児の段階から母子は離れているといえます。その理由は、胎盤を通して母体と胎児は栄養や排泄物の受け渡しをしていますが、胎盤と母体は直接つながっていなくて、母親の血液と胎児の血液が混じりあわないからです。ですから、母と子の血液型が違う場合があるのです。それが、出産によって母体と離れた後、今度は日々の関わりを通して母子は新たな一体感を感じていきます。つまり、身体は離れたけれども心がつながっていくのです。この様子を漫画家石坂啓《けい》さんの育児書で見てみましょう（石坂、1993年)。

何度か乳をやっているうちに、気が遠くなるような幸福感に襲われたことがある。乳を吸う赤ん坊を抱きながら、ああ、もうな〜んにもいらないな。この子と二人っきりでどこかに行っちゃってもいいな、とヒタヒタ思ってしまったのだ。

今になって、自分と赤ん坊がつながっているように感じるのはおもしろい。

親子の身体と心が改めてつながって、日々暮らしていく中で、基本的信頼感、自己肯定感、そして安定した愛着という「三つ子の魂」が2歳ごろまでに育っていきます。そうすると、幼児の関心は外の世界に向かうようになり、興味あるものを探る好奇心、自分がやりたいという意欲、そして自分ができるという自信がついて、自立が進んでいくにつれて、親の保護や手助けをこばみ始めるのです。

ここで、反抗期を取り上げましょう。それまでは親に素直だった子どもが3歳ごろになると「いや！　自分でするの！」と主張する第一反抗期に入ります。その後、思春期になって親に口答えしたり無視する時期を第二反抗期と呼びます。しかし私は、反抗期という呼び方は良くないと考えています。反抗というのは、親や大人の立場からの言い方であって、子どもの側からすれば、自分の意思を主張するようになり、人格が育ってきた証拠で、自立に向かっているととらえるべきです。ですから、この本では第一自立期、第二自立期と呼びます。3歳ごろの第一自立期は親から身体的に離れ、思春期は第二自立期で親から精神的に離れていくととらえるのです。

私の第一自立期を振り返ってみると、ユニークな方法で自分の意志を親に訴えていました。それは、歌によってでした。

その1：甘い飲み物が欲しい時、「めえめえ　やぎさん　なぜなくの　おさとのかあさんに　おねむになったよ　あまいおっぱい　ちょうだいねと　めえめえ　なくのよ！」と泣きながら歌う私。

その2：デパートのおもちゃ売り場で、汽車を買ってとだだをこねて、あお向けで足をばたつかせながら「きしゃきしゃ　ぽっぽっぽっぽっ　しゅっぽしゅっぽ　かうの～！」と泣き叫ぶ私のそばで苦笑する父親。

「龍太郎には、時々負けてしまったぞ」と父が後年話してくれました。

第2章

だから抱っこは大切なんです

森の大ブランコ

5　赤ちゃんは「抱っこされては離されるサル」です

今日の日本では、赤ちゃんとのスキンシップが大切だと広く知られています。でも、スキンシップは英語の辞書にのっていない言葉で、平井信義さんが1953年にWHOのセミナーに出席したとき、参加者のアメリカ人女性が話した言葉を日本に紹介したものです。その後50年以上、平井さんが著書や講演で紹介したので、すっかり日本語として定着しました。私も大切な言葉だと思います。

平井さんによれば、スキンシップとは身体接触のことで、特に抱っこが一番のスキンシップです。また、赤ちゃんが抱いてほしいと訴えたときに、タイミングよく抱くことが大切だと記しています（平井、1994年）。さらに、赤ちゃんが喜んで、お母さん自身も楽しいという状況が必要だと付け加えている点は重要です。赤ちゃんの中には、とても神経質な子どもがいて、抱っこしていなければ泣いてばかりで、お母さんが疲れきってしまう場合があります。いくらスキンシップが大切といっても、一日中抱いてばかりだとお母さんは楽しいはずがありません。他の人に代わってもらうとか、赤ちゃんの気分を変えるなどして、抱きっぱなしにならない工夫が求められます。お母さんの負担を忘れてはいけません。

その反対に、赤ちゃんがまったく抱かれないとどうなるか？　昔、実験した人がいたそうです。13世紀の神聖ローマ皇帝フリードリッヒ二世は、大人が語りかけずに育てた赤ちゃんが最初に話す言葉がラテン語かギリシャ語か、それともヘブライ語かを知ろうとしました。皇帝は全国から親のいない赤ちゃんを50名ほど集めて、授乳やおしめ換えなどの基本的な世話をするものの、赤ちゃんには一言も話さないように、そして笑いかけたり抱いたりしないように世話人に命じたのです。その結果、最初に発した言葉が何語かを知る前に、赤ちゃんたちは全員死んでしまいました。赤ちゃんは、世話する人が笑顔で語りかけて抱き上げるという愛情ある育児がなければ、生きられなかったのです（モンターギュ、1971年）。

私は乳児院の職員時代にホスピタリズムという言葉を知りました。日本語に訳すと施設病となりますが、乳幼児が長期に入院したり孤児院に預けられているうちに、あっけなく死んでしまう病気なのです。特にヨーロッパでは、何百年もの間恐れられていて、孤児院の90％以上の乳幼児が死んだ時代もありました。その当時としては、十分な栄養を与えて医療面も備わっていたにもかかわらず、伝染病や栄養失調で次々と死んでしまったのでした。その原因は、子どもたちを世話する職員が絶対的に不足していて、一日のほとんどの時間をベッドに寝かされたままで、何時間かおきの授乳・食事とおしめ換えがあるだけで、大人との関わりがなく身体接触がなかったからでした。抱いてミルクを飲ませたりもしなかったのです。

つまり、人間の乳児はいくら栄養を与えても、ベッドに寝かされたままで、抱かれず触れられずの生活では生きられない存在なのです。孤児院は、今では乳児院と児童養護施設に名前がかわり、職員が多くなって、言葉かけをして抱いて育てるようになり、ホスピタリズムはなくなりました。その一方で、一般家庭にホスピタリズムのような症状が見られるようになったのです。

ホスピタリズムは、今の言葉で表すとネグレクトです。ネグレクトとは育児放棄で、今日大きな問題となっています。ネグレクトによって様々な問題が出てくるのですが、中でも笑わない、泣かない赤ちゃんになるのです。２００３年には、私が以前勤めていた広島乳児院がＮＨＫテレビで紹介されました。その番組では、産まれたときから親に放置された赤ちゃんがいて、いくら職員が笑顔を出させようとしても笑いませんし、表情を変えないという場面が放映されました。まるで、人との関わりを拒否してしまったかのようでした。そして、その子が笑えるまでに何か月もかかったのです。

以前から、このような赤ちゃんの存在を小児科のお医者さんは気づいていて、サイレントベビーと名づけていました。その治療として、お母さんが意識して抱っこするようにすれば、数か月で改善していくのです。こうして抱っこの大切さが理解されるようになり、ベビーマッサージ、タッチケア、そしてカンガルーケアなどの身体接触によるケアを進める方法が広がってきたのです。

ここで生物界の一員としての人間を見てみましょう。まず、人類は哺乳類の仲間です。母体内で胎児を育てて、出産後は母乳で栄養を与える種類の動物です。赤ちゃんにお乳を与えることを「授乳」と言いますが、「授」の漢字は、「人間を超えた存在から、大切なものをいただく」という意味があります。

なによりも、母乳は神聖です。お母さんが自分の血液から作り出したお乳を二つの乳房に蓄え、一日に1リットルもの多量の母乳を生み出すからです。そういうお乳を与える能力を女性は授かっているのです。一方、産まれたばかりの赤ちゃんは、誰に教わるでもなく、お母さんの乳首に吸いつき、力一杯お乳を吸い始めます。だから、赤ちゃんはお乳を飲む能力を授かっています。お母さんと赤ちゃんの両方が、お乳を与える能力とお乳を飲む能力を授かっているからこそ、授乳がうまくいくのです。こうして私は、授乳という行為が、単に赤ちゃんがお母さんからお乳をもらうだけではなく、赤ちゃんも積極的に吸って、母子ともに授乳を成り立たせる能力を持っているととらえました。

次に、哺乳類の人類は同時に霊長類の仲間です。新生児の状態を観察すると、ほとんどの霊長類は産まれた時から母体に抱きつく、しがみつく力を持っていて、常に母親と共に過ごします。人間に近いチンパンジーやゴリラなどの類人猿では、抱きつく力が弱くなっていますが、それでも母親に抱かれて育てられる点は共通です。それに対して、人間の新生児は母親に抱きつく能力がとても弱く産まれてくるので、自分から母親にしがみついたり抱きついたりできず、母親に抱かれている時間が少なく、多くの時間は室内やベッドに寝かされるようになりました。それでも人間の新生児は、霊長類の一員として、しがみつく能力を生まれつき備えているのです。それが、新生児の把握反射やモロー反射などの原始反射に残っています。

多摩動物公園と上野動物園の園長だった中川志郎さんは、多くの動物たちの子育てを整理して四つに分類しました。それによると、人間はサルの仲間として、わが子を抱いて育てる動物に入るのです（中川、2008年）。

抱擁型――ヒトを含む霊長類など
舐触《ししょく》型――ライオンやトラなど、多くの肉食動物
添い寝型――ネズミやイタチなど、げっ歯類、小型肉食動物
追従型――シカやウシなど、多くの草食動物

私は中川さんと同じように、人間の新生児が霊長類に共通する、親に抱かれる特長を持っているととらえて、その特長を表すために「授抱《じゅほう》」という言葉を考えだしました（金子、1996年：2004年）。親は抱いて育てる存在であると同時に、子どもは親に抱かれて育てられる存在で、双方が抱く・抱かれる能力を授かっているのです。そこでは、抱きと共に、

チンパンジーの赤ちゃんは、産まれてから４～５年の間、お母さんに大切に抱っこされて育つのです。お母さんクロエと生後７か月のクレオちゃん。（京都大学霊長類研究所：落合知美撮影）

触る、なでるなどの手と腕を使った行為も含みますし、おんぶヒモやスリングなどの用具を使って、おんぶや抱っこする場合もあります。

こうして私は、哺乳類の人間の乳児にとって欠かせない授乳と並んで、霊長類の人間の特長として授抱があると考えました。たしかに、人間の新生児を見ると、運動能力は未発達でひよわですし、自分から抱きついたりしがみついたりできませんが、産まれた時から泣いて親を呼び、抱き上げると泣きやみますし、抱かれやすい姿勢をとるなど、能動的にふるまって親に抱かせるように働きかける存在なのです。

抱っこをはじめとする身体接触を欧米の研究者たちは以前から注目していました。イギリスの動物行動学者モリスさんは「ふれあい」（モリス、１９７１年）、イギリスの精神分析医のウィニコットさんは「抱っこ」（ウィニコット、１９８７年）、そしてドイツの動物学者ハッセン

スリングがあれば、抱っこしたまま顔を見合わせられるし、お母さんの手が自由になって、色んなことができます。

シュタインさんは「抱かれる子・運ばれる子」（Hassenstein, 1987年）、さらにボウルビィさんは、乳児には「しがみつく」性質が生まれつき備わっている（ボウルビィ、1982年）と論じました。日本では、60年前から平井信義さんがスキンシップの大切さを唱えましたし、身体心理学者の山口創《はじめ》さんが「愛撫」、つまり愛情をもって人に触れる重要性を主張しています（山口、2003年）。これらの用語に対して、私は授抱という日本語を当てはめて、人間が授抱性動物だからスキンシップがなくてはならないと考えたのです。何より、乳児は授抱によって一番大切な安心感をもらえますし、基本的信頼感、安定した愛着と自己肯定感、つまり「三つ子の魂」が育まれるのです。

その際、授抱は母親だけに限定されません。父親、祖父母、姉兄、そして保育者など、赤ちゃんと身近に関わる人たちも抱っこするわけですから、母親だけの育児から解放するものと考えられます。他のサル類のように、赤ちゃんが母親にずっとしがみついているのではなく、自分から母親にしがみつけない代わりに、母親だけでなく他の多くの人たちによっても育てられるという人類特有の育児を可能にする性質でもあるのです。

さて、哺乳類としての授乳、霊長類としての授抱と表せば、生物としての人間が遺伝的に持っているこの二つの特性が乳児の生存と成長に欠かせないものだと強調できます。授乳は食欲、授抱は接触欲求の表れですが、その一方で、世話する母親の負担はとても大きいものがあります。

まず授乳ですが、新生児は数時間おきに泣いて空腹を訴え、それも昼夜の区別なく求めるので、母親は応じなければなりません。午後8時の後は午前0時、午前4時、午前7時と続きます。そのため、母乳を与える母親はまとまった睡眠がとれません。加えて、1回の授乳時間は20~30分で、その間つきっきりです。何よりも、母乳は母親の血液から作り出されます。一日に1リットルも生産しないと追いつきませんから、エネルギーの消費はとても大きいのです。人工栄養の場合は、母親が母乳を作り出す必要はありませんが、お湯をわかしたり、哺乳びんに粉ミルクを入れて溶かすといった手間があります。

次に、授抱について触れましょう。人類ホモ・サピエンスに進化する過程で、直立二足歩

赤ちゃんと見つめあうチンパンジーのお母さん。赤ちゃんとのコミュニケーションを楽しんでいる様子が分かります。（京都大学霊長類研究所：落合知美撮影）

行へ変化して、その後体毛がなくなってしまい、産まれ出た新生児が母親に抱きつけなくなり、母親といつも一緒にいられなくなりました。代わって、安全な家の中に寝かせて、母親の顔を見せたりして安心させて、泣いた時に関わるという育児になりましたが、これは母親にとっては常に抱く負担がなくなり、自由な時間を持てて、他の家事ができるのだから、ありがたいといえましょう。母親は乳児を運ぶ負担が減って、置かれた乳児は安静な睡眠がとれるのです。人間は、安全な家をつくれるサルだから、抱っこされては離されるサルになれたといえましょう。

霊長類学者の松沢哲郎さんは、約220種類いる霊長類の中で、チンパンジーと人間だけが互いに見つめあってコミュニケーションすると述べています。さらに、親子が離れて赤ちゃんがあおむけで安定していられるのは人間だけなのです（松沢、2011年）。つまり、赤ちゃんと母親が離れるのは人間だけの特徴です。そして、離れるからこそ、親と関わりたい乳児は、泣いて呼び寄せたり、ほほえんだりする豊かな表情を持つようになり、声で気持ちを伝え、自由に動く手で親を触ったりしながら、高度な知能と言語を持った人間として成長していきます。

他のサル類の赤ちゃんは一日中抱かれたり、しがみついているのに対して、人間の子育ては「抱いては離し、離しては抱く」と表せます。繰り返される身体接触が赤ちゃんの心身の調子を整えて、様々な機能も正常に働くのです。新生児期は「抱かれては離され、離されては抱かれる」という受け身の状態でありながらも、泣き声で親を呼び、ほほえんで親をひきつけるという能動性があります。それが生後6か月ほどたつと、はいはいで移動できるようになるので、「抱きついては離れ、離れては抱きつく」ようになり、さらに能動的になっていくのです。また、親の抱きに応じて姿勢を変えたり、手で服を握ったり、足を親の身体に回したりする、抱かれ行為も見受けられます。

発達心理学者の西條剛央《たけお》さんの研究によれば、産まれたばかりの赤ちゃんは5～6時間抱っこされていて、1歳では2～3時間、2歳で1時間、そして3歳になると30分へと減っていきます（西條、2004年）。その中には、おっぱいを飲ませながら抱っこする時間が2～3時間入っているので、おっぱい以外の抱っこは、0歳では2～3時間、1歳には1～2時間、2歳には1時間、そして3歳になると30分が平均的な数字です。しかし個人差が大きく、抱っこが嫌いで、親が抱くと身体をそらせて嫌がる赤ちゃんもいれば、ずっと抱いていなければ泣き続けるような赤ちゃんもいて、1日の抱っこが2時間未満の場合もあれば、10時間を超える赤ちゃんもいますので、一人ひとりの個性に合わせた抱っこが求められます。また、中には一日16時間も抱っこしなければならず、お母さんは腱鞘炎《けんしょうえん》や腰痛《ようつう》になり、疲れ果ててしまう場合もありますので、過度の抱きぐせを解消する工夫が求められます。

いずれにしても、親が一日中抱いているわけではなく、一日24時間のうち、せいぜい5〜6時間抱いていて、後の時間は室内やベッドに寝かせておくのが普通です。何時間抱かないといけない、という基準はなく、ケースバイケースで目の前の赤ちゃんのきげんを見ながら応じればよいのです。

ところで、母親の虐待によって乳児院に保護されたある赤ちゃんは、家庭にいた時に母親からミルクの飲みが悪いと頭を叩かれていたので、哺乳びんからミルクを飲まなくなりました。しかし、飲まないと死んでしまいます。職員がスポイドで少しずつ少しずつ、1時間以上かけて飲ませたのです。また、産まれてから一度も母親が抱き上げなかった赤ちゃんもいました。乳児院に面会に来た母親は離れたところから見つめるだけで、近寄って抱こうとはしないのです。たまりかねた私が「お母さん、久し振りだから抱いてあげたらどうですか?」とうながしても、「私、あの子、嫌いだから……」という返事でした。その赤ちゃんが姑《しゅうとめ》に似ているから嫌っていたのです。このように、不適切な育児環境に置かれると、授乳や授抱という基本的な営みもできなくなるのが人間です。これらの事実から分かることは、いくら遺伝的に備わった性質であっても、人間の場合は生まれてから親の育児という環境の影響を受けてしまうので、場合によっては授乳も授抱も正常に現れなくなってしまう危険性があるのです。

さて、他のサルに比べて運動能力が未発達で、母親にしがみつく能力がなくなった人間の赤ちゃんですが、見た目のかわいらしさ、愛らしさにひかれて、親たちに「抱きた～い」という感情を引き起こし、抱かせるように生まれついていると私には思えてなりません。赤ちゃんの笑顔、ちいさな手、つぶらな瞳といった愛らしさにひきつけられて、親たちは笑いかけ、話しかけ、抱き上げるのです。

作曲家の中村八大《はちだい》さんが、産まれたばかりのわが子をいとおしく見つめている様子を永六輔《えいろくすけ》さんが歌詞にしたのが、1963年に発表された「こんにちは　赤ちゃん」です。歌は梓《あずさ》みちよさんでした。

こんにちは　赤ちゃん　あなたの笑顔
こんにちは　赤ちゃん　あなたの泣き声
その小さな手　つぶらな瞳
はじめまして　わたしがママよ

また、幼い子どもに読み聞かせる絵本には、抱っこをテーマにした本がたくさんあります。絵本『よるくま』では、いなくなったお母さんグマを探して、深夜に少年のもとにやってきた子グマの〝よるくま〟との交流が描かれていて、二人は抱っこを通して仲良くなるのです（酒井、1999年）。

「だいてみたら、かわいかった。そのこはよるくまというなまえ」

でも、お母さんグマはどこにも見つからなくて、泣きだしたよるくまでした。やっと出会えたお母さんグマがよるくまを抱いて家に帰るとき、

「ああ　あったかい。おまえはあったかいねえ。きょうは　このまま　だっこしてかえろう」

この絵本を読んでもらった幼子は、抱っこするお母さんもうれしいのだと知って、安心して寝入るのです。

6　おっぱいと抱っこ、そしてコミュニケーションは欠かせません

哺乳類で霊長類として産まれる人間の赤ちゃんは、授乳と授抱に加えて、他の動物には見られない高いコミュニケーション能力を持っていて、日々の育児の中で、安心感、基本的信頼感、自己肯定感、そして安定した愛着、つまり「三つ子の魂」を育んでいきます。新生児は産まれたときから目が見え、耳が聴こえ、母親の匂いや母乳の味を見分ける感覚を持っています。赤ちゃんのほほえみはチンパンジーと人間だけに見られますし、人間の赤ちゃんに特長的な泣きは他のサル類にはないものです。その他、赤ちゃんは声を出すので、意味はなくても親子間で声のやり取りがありますし、表情をまねることさえできるのです。まねるためには、赤ちゃんがしっかり眼で見て、脳で考えて、大人と同じしぐさをするという高い能力がないとできません。また、泣きの理由として、お腹がすいた、おしめが濡れている、眠い、痛い、あるいは甘えたい思いを訴えます。それに対して親は、泣き声を聞き分けて、泣きの理由を察して、適切に対応していきます。泣きはコミュニケーションだからです。

たしかに、新生児の外見は小さくてひよわですし、運動能力は未発達で自分で動けません

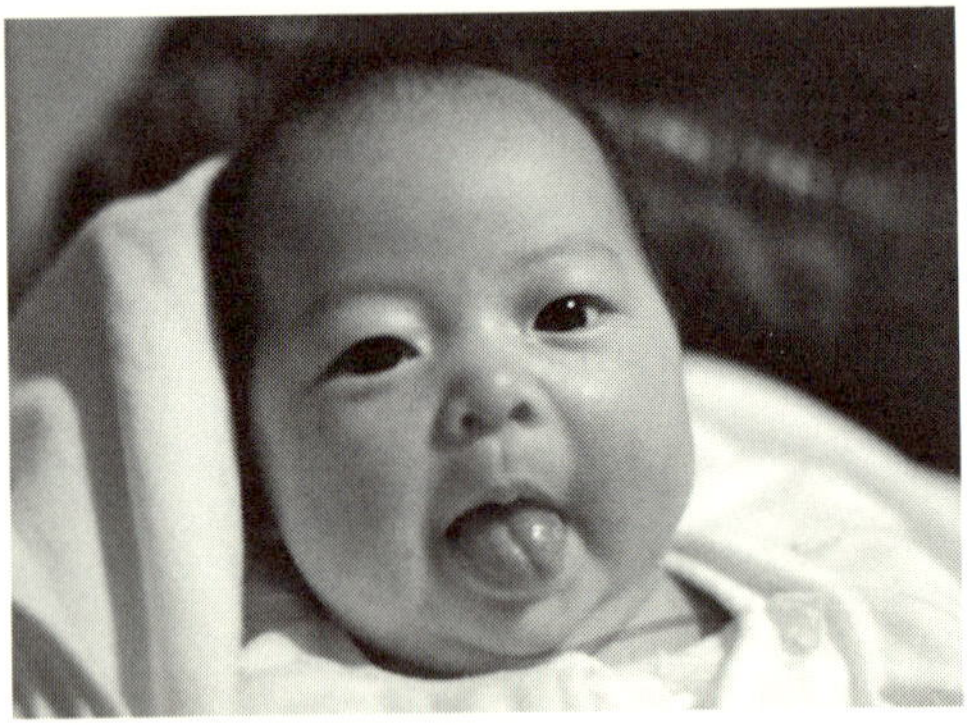

産まれて間もない新生児が大人をまねして舌を出すことは1970年代から知られています。（生後２か月）

が、感覚能力やコミュニケーション能力は高く、無能でも無力でもありません。そして、霊長類の中でも人間だけに見られる「抱いては離し、離しては抱く」育児を可能にしているのが、あおむけで安定できる赤ちゃんの能力です。泣いて授乳や授抱、あるいはおしめ換えを求めますし、満足したら下に降ろされて、離されてもきげんよく一人で遊び、やがて寝入ります。その際、安全な家があるから、親は赤ちゃんから離れて、家事や自分のことができるのです。

　さて、コミュニケーションで重要なのは、親子が離れた状態で、あおむけやおすわりした赤ちゃんが親と交流して遊べる点です。目と目をあわせ、笑いあい、声を出しあって過ごす楽しいひとときでは、親子は対等な関係です。「いないいない、ばあ」「おつむ、テンテン」「おくち、アワワ」では、赤ちゃんよりむしろ親が楽しんでいます。赤ちゃんに遊んでもらっている親も多いでしょう。また、親から離されて一人遊びしているときには、手を自由に動かしたり、手を使っておもちゃで遊ぶので、脳の発達につながります。「手は突き出た脳である」と言われている通りです。それを可能にしたのが、両手が自由に使える、あおむけとおすわりの姿勢です。親子で手を握りあったり、物のやり

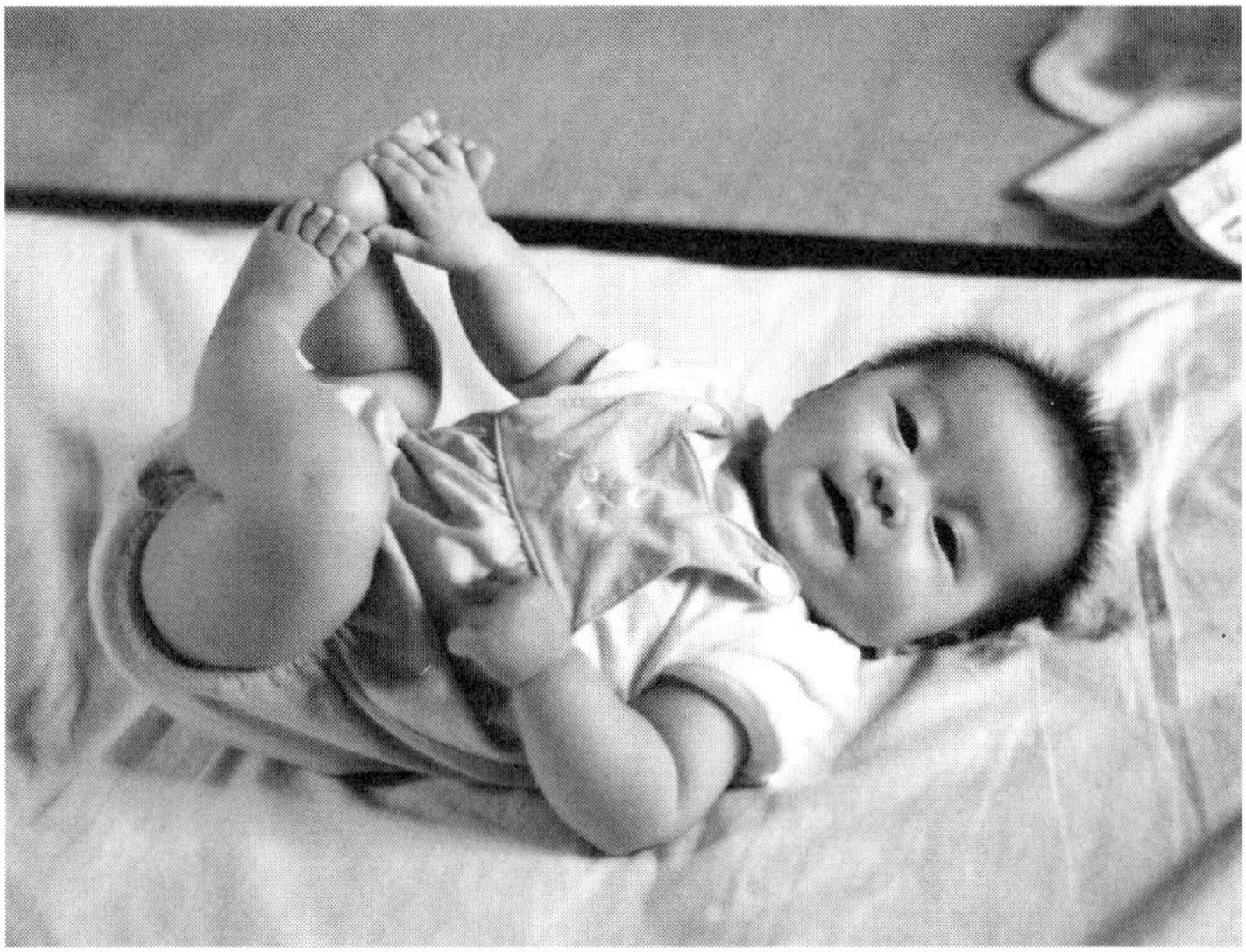

ふとんの上に置かれても、一人できげんよく遊んでくれると親は助かります。あおむけで足を曲げて上に伸ばす姿勢は、霊長類に共通しています。（生後４か月）

取りをしながら、見つめあい、声を出しあってコミュニケーションするのです。安定したあおむけが人間の赤ちゃんだけにみられると世界で最初に気づいた霊長類学者の竹下秀子さんは、人間のコミュニケーションが豊かな理由が、あおむけの姿勢で安定できる点にあると考えています（竹下、2001年）。

さて、親から離れているときに、赤ちゃんは周囲を探索し、興味深いものに好奇の目を向けますし、一人で待つことで忍耐や自己コントロールが養われていきます。これらの心は、主に0歳から5歳ごろまでの乳幼児期に育つので、私は「六つ子の魂」と名づけてみました。そうして大ざっぱに言うと、親に抱かれて接触しているときに「三つ子の魂」が、親から離れたときに「六つ子の魂」が育つととらえたのです。

一方、授抱の大切さは、産まれたばかりの新生児にも抱っこによって愛情が伝わり、安心感をもたらし、自己肯定感や信頼感が育っていく点にあります。伝わるのは、授抱が身体を使った会話であり、親子のコミュニケーションだからです。2003年には「抱きしめるという会話」というCMが話題になりました。制作は公共広告機構でした。

子どものころに抱きしめられた記憶は、ひとのこころの、奥のほうの、大切な場所にずっと残っていく。そうして、その記憶は、優しさや思いやりの大切さを教えてくれたり、ひとりぼっちじゃないんだって思わせてくれたり、そこから先は行っちゃいけないよって止めてくれたり、死んじゃいたいくらい切ないときに支えてくれたりする。

子どもを抱きしめてあげてください。

ちっちゃなこころは、いつも手を伸ばしています。

お母さんとお父さんが赤ちゃんを「かわいい！　大好き！」と思う気持ちを言葉や表情で示して、抱いて、なでて、キスしたり、身体と身体の触れ合いを通して伝えると、赤ちゃんはきちんと受け取ります。言葉で「かわいい！　大好き！」と言っても赤ちゃんには分かりませんが、心地よい身体の触れ合いによって、思いが伝わるのです。

授抱という言葉で私は、体罰、暴力、虐待といった、子どもに苦痛と悲しみを与える手と腕の行為を否定した上で、抱く、なでる、触れるなどの、子どもに喜びと幸せをもたらす手と腕の行為の大切さを主張します。家庭の中の体罰や暴力を禁止する方向に人間社会は進化していかねばなりません。私がそのように考えるようになったのは、親に暴力を振るわれたために、つらい人生を送らざるを得ない子どもや大人をたくさん見てきたからです。身体の傷よりも、心の傷の後遺症が大きな問題なのです。多くの場合、悪影響が長く続き、その人の人生が破壊されてしまいます。そうした実例をこの本の第4章で紹介します。

ところで、日本に古くから伝わることわざは「泣く子は育つ」です。それに対して、泣く子は育つのだから、泣く子を抱いたりせず、そのまま泣かせて

フランス子どもの村のゴファールさん。SOS 子どもの村は、家庭で暮らせない子どもたちを育てている国際児童福祉組織で、世界 133 か国にあります。
(Fred Einkemmer 撮影)

いれば丈夫な子どもに育つという説明がされ、抱きぐせをつけない育児が主張された時代がありました。しかし、その説明は間違っていました。「泣く子は育つ」の元々の意味は、産まれたときに大きな声で元気よく泣く赤ちゃんは健康に産まれた証拠で順調に育つけれども、産声をあげない赤ちゃんは弱くて育てにくい、というものだったのです。

正しくは、「泣く子を抱くから育つ」です。泣くという赤ちゃんのコミュニケーションに応じて、抱き上げたりお乳を与えるから、赤ちゃんは安心して泣きやむのですし、こうした日々の積み重ねが、赤ちゃんの心の中に親との絆や信頼感を育てていきます。抱っこの大切さは、今日ではアメリカ、イギリス、フランスのどの育児書でも繰り返し触れられていて、親子の身体接触は子どもの心の成長にとって欠かせないと強調しているのです（恒吉・ブーコック、1997年）。ただし、泣いたらすぐ抱くのではなく、赤ちゃんが何を求めて泣いているのかを見極めて対応することが大切です。たとえば、おしめが濡れて泣いているならば、抱かずに、ほほえんで話しかけながら換えればいいのです。

日本でも、抱きぐせをつけない育児は最近では影を潜めましたが、祖父母の世代はまだ信じていて、子育て世代の親たちが戸惑っているのです。もともと日本人は昔から、赤ちゃんを抱いておんぶして、添い寝して、欲しがる時にお乳を与えてきました。これは日本の文化と風土に合った育児法で、大きな問題なく子どもたちが育ってきたという事実を小児科医の松田道雄さんの本『日本式育児法』（松田、1973年）で知ったので、松田先生の教えを踏まえてこの本を書いているのです。
そのような赤ちゃんの一日を歌ったのが「げんこつやまのたぬきさん」です（1970年）。
その一部を紹介しますが、これこそ赤ちゃんの姿です。

げんこつやまのたぬきさん
おっぱいのんで　ねんねして
だっこして　おんぶして
またあした

赤ちゃんにとって、毎日同じ生活の繰り返しは、なんと幸せなことでしょう。「げんこつやまのたぬきさん」の歌詞から感じられるのは、そういう幸福感です。家庭の中での日々同じ繰り返しが実はとても大切なのです。幼い子どもたちもテレビから流れてくるこの歌が大好きで、1歳になってまもない幼子が音楽に合わせて声を出し、身振り手振りをする姿はほほえましいものです。

一方授乳には、3時間か4時間おきにきちんと飲ませないといけないとする定時授乳という方法があって、赤ちゃんがお乳を欲しいと泣いているのに、きちんと時間を守って、その時刻になるまで飲ませません。私はこの方法は間違っていると考えています。赤ちゃんの欲求にまかせればいいのになあ、といつも思います。その根拠は、定時授乳は時計がないとできないからです。時計が一般的になったのは、せいぜい百年ほど前に過ぎません。それまでは、赤ちゃんがお乳を欲しがって泣けば飲ませる自律授乳でした。人類の祖先が地球上に現れた数百万年前からずっと自律授乳だったのに、時計の時刻に合わせて授乳するのが近代的で科学的な育児だとドイツのあるお医者さんが主張し、それを明治時代の学者が日本に取り入れたのです。第二次世界大戦後になると、『スポック博士の育児書』などのアメリカの書物にも定時授乳がよいと書かれるようになり、全国に広がりました。しかし、そのドイツのお医者さんは子どもぎらいで有名な人だったそうです。

私が乳児院に勤めていたときに、その話を聞いて乳児院職員の理解と協力を得て、赤ちゃんたちが欲しがった時間に好きなだけ飲ませるという自律授乳を行ってもらい、記録をとりました。その結果、赤ちゃんがお乳を欲しがる時間はまちまちでしたし、赤ちゃんによって、日によって違っていたのです。しかし、記録を整理して授乳間隔を見てみると、3~4時間ごとに飲むのが多いと分かりました。つまり、赤ちゃんの身体は3~4時間ごとに空腹を覚えるようになっていたのです。人間の母乳と同じく低脂肪の牛乳から作られた人工ミルクでも、同様に3~4時間たつとおなかがすいてしまいます。しかし、その間隔は時計で計ったわけではないので、ちょうど3時間、4時間ではなく、赤ちゃんによって、時間によって、日によってまちまちでした。これが赤ちゃんの自律授乳の姿です。赤ちゃんは時計の時刻などわかりません。その代わりに、身体の中の腹時計でおなかがすいたことを感じて、泣いて訴えたのでした。泣いて空腹を訴えるコミュニケーションなのです。

そういう結果を得ましたが、私は何が何でも自律授乳がよいとは考えてはいません。各家庭によって事情は様々ですから、時には親が授乳の時間を決めてもいいかな、というのが私の考えです。そして、母乳だけで不足ならば、人工栄養のミルクを飲ませてもいいのです。お母さんの心身両面の負担を少なくするのが大切だからです。人工栄養だとお父さんも飲ませられます。赤ちゃんの様子とお母さんの体調や家庭事情を見ながら、お母さんとお父さんが選んでいけばいいのではないでしょうか。でも、中には一回の母乳の量が少なくて、30分や1時間という短い間隔でお乳を欲しがる赤ちゃんがいます。自律授乳だからといって、欲求のたびに与えていたらお母さんは大変です。私の娘の場合がそうでした。母乳が少ないのに、哺乳びんでは全く飲んでくれなかったので、母乳だけでは満腹にならない娘はひんぱんにお乳を求めたのです。その弊害として、その後も小食でしたし、早くから虫歯になってしまいました。ただし、指しゃぶりを全くしなかったのはよかった点です。だから、人には勧めませんが、後悔はしていません。何よりも、人類の祖先は何百万年も前から時計に頼らない授乳をしてきて、それで子どもたちが育ってきたという事実を踏まえればいいのではないでしょうか。

さて、個人差といえば、産まれつき敏感で要求が激しく、育てにくい赤ちゃんが10人のうち1、2人はいます。これは気質という言葉で知られていて、なにごとも不規則で日課が立てにくい、なかなか泣きやまない、夜泣きがひどい、そして眠りが浅いなどの特徴を産まれつき持っていて、乳幼児期の間はその性質が続くのです。そのことは、昔から「かん」の強い子どもで知られていて、今の言葉で言えば神経過敏症となります。「かんの虫」を除くために、色んな民間療法があります。針とお灸《きゅう》、そして薬です。東日本では宇津《うづ》救命丸《きゅうめいがん》、西日本では樋屋奇応丸《ひやきおうがん》が有名です。あるいは、神社へお参りするのもよく行われました。ですから、育てにくい赤ちゃんを授かったお母さんは、自分ひとりではどうにもできないと割り切って、より多く夫や祖父母に手助けを頼む必要があるでしょうし、神頼みで心を落ち着かせるのもよいでしょう。大切なのは、お母さんが自分ひとりで抱え込んでしまわないで、とにかく助けを求めることだと思います。

赤ちゃんの生理現象には個人差が大きいと、乳児院で同じ年齢の多くの赤ちゃんを育てていてつくづく思いました。それぞれの赤ちゃんの持って生まれた生理を大切にして、大人が押しつけないで、赤ちゃんの状態や表情をよく見ながら応じて下さい。

7　抱く子は育つが、育つと抱かれなくなります

「抱く子は育つ」に続くのは「育つと抱かれない」となります。このように抱かれなくなる様子を発達心理学者の西條さんは「離抱《りほう》」と名づけて、親離れする過程を「授抱」から「離抱」へ移ると表しました（西條、２００４年）。赤ちゃんが重くなって、お母さんが抱かなくなると共に、赤ちゃんも抱かれたがらなくなるのです。

授乳に対して離乳があるように、授抱に対して離抱があり、離乳に伴って離抱が進むのです。それまで、育てる人に抱かれなければ安心できなかった赤ちゃんが、離抱が進んでいくと、離れていても親の存在を目で見て確かめて、安心できるようになり、身体的に離れても心理的に結びつく心の絆ができあがります。

赤ちゃんの成長にともなって、母乳・ミルクだけの授乳から、離乳食へと変わり、完全に離乳して大人と同じ食事をするように、親や家族との間だけだった授抱は、一人で歩けるようになるにつれて離抱が進み、親から離れて友だちとの関わりに移ります。つまり、おっぱいと抱っこから卒業していくのです。親と家族だけの関係では、その後に健全な社会性や人

表2　子どもの成長に伴う子育ての変化

子育て四則	日本の伝承	動物学者モリス
一．乳児はしっかり肌を離すな	しっかり抱いて	しっかり抱いて
一．幼児は肌を離せ手を離すな	下におろして	下におろして
一．少年は手を離せ目を離すな	歩かせる	
一．青年は目を離せ心を離すな		一人にしておいて

間関係が育つためには不十分で、幼児期、児童期、思春期を通して友だちとの豊かな関わりが大切なのです。

精神医学者の佐々木正美さんによれば、幼児期から学童期にかけて、子どもたちはなかよしの友だちを求めます。それまでの親や家族ばかりの世界とは違う、友だちとの関わりのなかで、好奇心や探究心、あるいは知識欲などを満たして、経験と学びを積み重ねるのです。佐々木さんは「子どもの自立的な心の発達には、母親や家族とのいい関係をへて、その後、友達など家族以外の人との豊かな関係がぜったい必要になるのです」と書いています（佐々木、1998年）。

子どもの要求は成長に伴って大きく変化し、親は対応を変えていかざるをえません。その様子を昔の人は、乳児期から青年期までの子育て四則で伝えています。そして、日本の伝承では、「しっかり抱いて　下におろして　歩かせる」と表しています。さらにはイギリスの動物行動学者モリスさんによれば、乳児は「しっかり抱いて」と要求しますが、幼児になると「下におろして」となり、その後思春期に入ると「一人にしておいて」と求めるのです（モリス、

３歳になった娘は、５歳のお兄ちゃんや同級生の子と仲良しになりました。手をつなごうとすると、「おにいちゃんがいいの！」と拒否された私でした。

1971年)。このように、子離れと親離れが進んでいく様子を並べてみました(表2)。中でも子育て四則は、「離せ」と「離すな」の言葉で、親子の適切な距離を教えていて、とても興味深い内容です。

改めて考えると、私が「六つ子の魂」という言葉で表したい、満5歳ごろまでの乳幼児期に育つ大切な心はたくさんあります。ざっとあげてみると、「探索欲求、好奇心、知識欲、想像力、集中力、持続力、競争心、意欲、自律性、自発性、自己コントロール(自己制御、自己抑制)、社会性、協調性、忍耐力、思いやり、共感、運動欲求、遊び欲求、おどけ・ふざけ、ユーモア」などです。こうした能力が育つ第一の場面は「遊び」です。生まれて間もない赤ちゃんと親で交わされる、見つめあい、語りあい、ほほえみあい、そして身体接触は遊びの一種でもあります。遊びでは、親子が平等の立場で楽しみます。その後、赤ちゃんの心身の発達が一気に進む中で、遊びは大きく展開して、相手も親だけでなく、兄弟姉妹、祖父母、そして家中のおもちゃや家具・備品に広がります。目に入るすべてが遊び道具だといってもいいでしょう。そうした中で大切なのは、探索欲求や好奇心に導かれて、親から離れて意欲的に他の人や遊具と遊び、知識と能力を増していくことです。自分の関心から始まり、自発的に集中して遊びに取り組み、何時間も持続できる力もつきますが、それらがその後の学習能力の土台になるのです。遊びは学びだからです。

次に1歳過ぎて、兄姉との関わりや、保育園・幼稚園で同年齢の子どもたちと遊べば、競争心が芽生え、社会性や協調性が育ちますし、園の小さな子どもに向かう思いやりが身につき、自分の欲求を抑えて相手に合わせる自己コントロールや忍耐力も育ちます。また、子ども同士だからこそ、おどけ・ふざけ、ユーモアでもって、笑いあって楽しい一時を過ごせるのです。男の子女の子に関係なく、追いかけたり取っ組みあうのもこの時期の特権です。そして、その場に付き添う大人たちが心がけることは、手を出さず口も出さずに見守る姿勢、「手は後ろ、口にチャック」なのです。

私が関わっている滋賀県大津市の野外保育（せた♪森のようちえん）の子どもたちと共に過ごすと、放し飼い状態の幼児の生態がよく分かります。オリやサクに囲まれていない、野に放たれた幼児たちの姿を紹介しましょう（次ページ）。

【いざ出発】（写真１）

森のようちえんには建物がありません。森の中がそのままようちえんなのです。３歳から６歳までの子どもたちが、森に抱《いだ》かれながら多くの体験をします。

写真１

【木登り】（写真２）

「むか～し、むかし、木と人は仲良しだったんだよ」とアニメ「となりのトトロ」の中で、サツキちゃんとメイちゃんのお父さんが語ります。でも、今も木と仲良しの子どもたちは森にはいるのです。私たちはサルの仲間なんです。

写真２

【ぼくたち仲良し】（写真３）

じゃれあったり、取っ組みあったり、子どもたちは身体と身体でコミュニケーションします。お母さんから離れられるようになった３歳からは、友だちと交わって、色んな遊びをしながら社会性を育てます。

写真３

【みんなで協力】（写真４）

ドングリの季節になりました。まず丸太でドングリをつぶし、次はカラをむきます。そして、粘土と混ぜてドングリクッキーができあがります。４歳の子どもたちが想像力を働かせて、何を作るか自分たちで考えて、森にあるものを利用して、役割分担して集中して作るのです。

写真４

【粘土だらけの手】（写真５）

ドングリクッキー作りを終えた両手は粘土でドロドロ。でも、森のようちえんでは叱られません。夢中で遊んだ後は、近くの池で手を洗って、おにぎりをおいしく食べるのです。子どもの声を紹介します。「こんなたのしいことができるようちえんなんて、ほかにない！」

写真５

親がいると、まだまだ甘えたい幼児たちですが、親から離れてはじめて、以上のような伸び伸びした姿を見せます。森の中で幼児たちは、それぞれの「六つ子の魂」を友だちとともに育てているといえるでしょう。木に登ったり、裸足で遊びまわる子どもたちは、今日の日本では〝絶滅危惧種《ぜつめつきぐしゅ》〟なのですが、環境を整えれば、すぐ復活するものだと教えられました。

ところで、西洋のドイツ語圏の国々では「サルの愛」、東洋では「舐犢《しとく》の愛」という表現で溺愛や過保護をいましめてきました。「サルの愛」では、サルの母親がいつまでもわが子を抱いて離さないような過保護な育て方を、「舐犢の愛」では、母牛が子牛の身体をペロペロ舐《な》めるような甘やかす子育てをいましめたのです。しかし、実際のサルとウシは、子どもがある段階まで成長したら子別れ・親別れするのですから、いつまでも抱いたり舐めたりするわけではありません。人間も人間のやり方で子別れ・親別れすればいいのです。いつまでも子別れ・親別れができないから、「サルの愛」「舐犢の愛」と批判されてきたのではないでしょうか。

ここで、0歳から4歳までの離抱の過程を私の娘の記録に見てみます。

0か月：生後3日目の産院で、母以外の人に抱かれると顔と身体をこわばらせて緊張していた。

退院後、生後2週間でおば2名が交代で抱いたとき、指を強く握りしめて緊張していた。母以外の人を見分けている。

5か月：母の顔をじっと見つめ、抱いてくれないと甘えた声を出して抱いてほしそうに訴える。その後、泣き出す。

母親に抱かれて、見つめあい、声を出しあって、絆が生まれつつあります。（生後2週間）

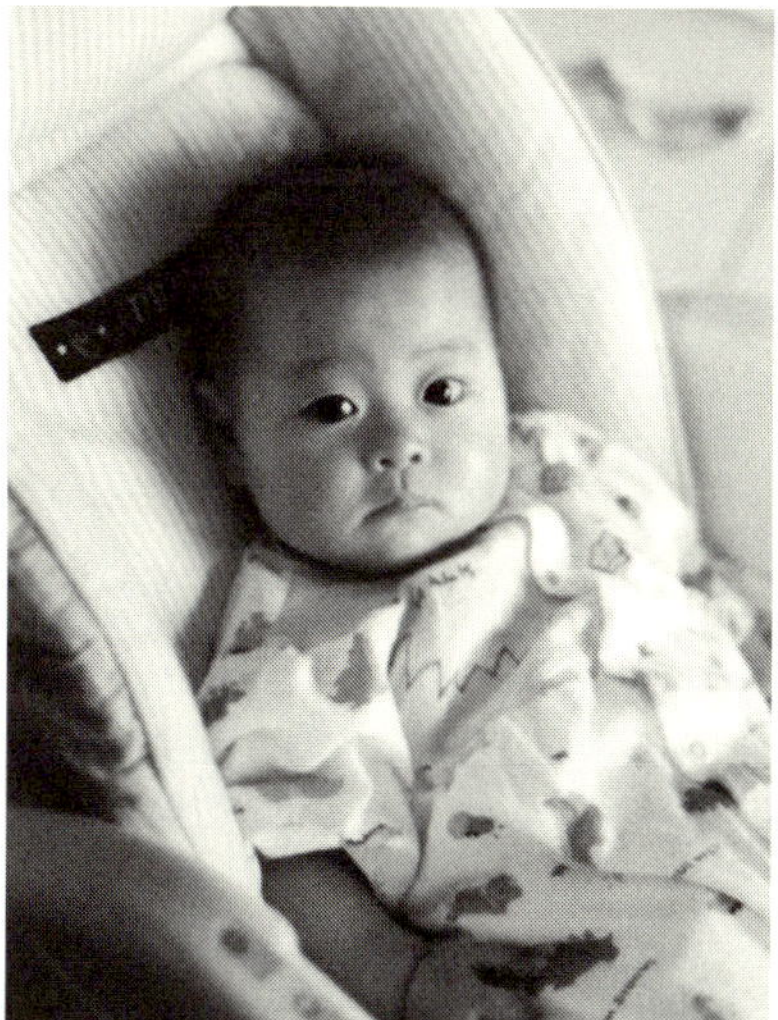

つぶらな瞳で見つめられ、甘えた声で訴えられると、つい抱き上げてしまいますよね。（生後5か月）

10か月：父が母に触れていると、しっとして父の肩を叩き、押し退ける。また、母と父がぬいぐるみをさわっていると、ぬいぐるみをどけようとする。

1歳2か月：母がいなくなっても、初めて泣かずに父のもとで遊ぶ。しかし10分もすると淋しくなったようで泣き出した。

1歳11か月：一層、母親の後追いがひどくなり、抱っこを求める。

3歳3か月：幼稚園に通い始めて最初のバス通園で、バスに乗り込むとき母と離れようとせずに泣き叫ぶ。「おかあさんといっしょにようちえんにいく！」

幼稚園に行くようになって、

一人だけ、入園式の間中、後ろに座っている母親の方ばかり見ていました。親が近くにいないと不安でたまりません。（3歳）

帰宅後の甘えが増えた。母はもちろん、父にも甘えてきて抱っこをせがむ。

3歳7か月：初めて母が外泊した。8月23日午前から24日夕方まで不在。納得して、特に変わりなく遊んだが、退屈なときとか眠たくなったときに「ママー、ママー」と泣く。夜も「ママー」と泣いたが疲れて寝た。何度か夜中に起きて、「ママ」と父のほうに寄ってくるが、父だと気づくと、あきらめて寝てしまう。

4歳0か月：母との会話。「あかね、あかちゃんがほしいな」「でも茜。赤ちゃんが生まれると、お母さんは赤ちゃんを抱っこしなくちゃいけないのよ。それでもいい？」「だめー」

しばらくしてから、「やっぱりあかね、あかちゃんがほしい。そのときは、おとうさんがあかちゃんをだっこすればいい。あかねはおかあさんにだっこされるの」

4歳1か月：母親2度目の外泊。2月6日午後2時から7日午前9時まで父と二人で過ごす。

日中は二人で1時間以上雪遊び。その後、バスで繁華街へいくが、途中で寝てしまい、デパートのベンチで過ごす。6時すぎに目覚めて焼き肉屋で夕食。8時からカラオケに行き、父に負けじとセーラームーンの歌を10回以上歌いまくる。11時に就寝。翌朝の7時まで、布団の中ではずっと父に身体をくっつけている。じりじり父のほうに寄ってくるので、時々押しのける。常に身体の一部を密着させようとするし、手を父の胸に置いたりする。しかし、今回は母を求めて泣いたりしなかった。登園のときもすんなり父から離れた。

4歳4か月：母親が抱いてくれないので、あの手この手を使う。

その1：ドライブで車酔いした。吐きそうになって、母に抱かれて介抱してもらったことに味を占め、その後「はきそう、はきそう」とうそをついて抱いてもらおうとする。

その2：遊具から落ちて足をすりむく。大泣きして父と母になだめられる。大したけがではないのにいつまでも泣いて抱っこを求める。「いたいの！　いたいの！」と泣き続けて、母に抱かれようとする。父親が顔をのぞき込むと、照れくさそうにニヤッと笑い、顔を伏せる。

4歳6か月：一人で留守番ができるようになる。母親が数10分買物に行っても大丈夫。

娘の場合、産まれて数日たつと、すでに母親に抱かれる感触を覚えていて、母親以外の人に抱かれたときには違う反応を示していました。そして、4か月になると、表情、泣き、しぐさなどによって抱っこを求めたのです。歩けるようになった1歳を過ぎると母親がいなくても過ごせるようになりましたが、分離不安や後追いが一番多く見られた時期です。そして、

2、3歳にかけて抱っこを求める回数が減り、3歳を過ぎれば母親から離れて幼稚園に行けるようになり、4歳では一日母親と離れられるようになったのです。こうして、親離れしていく一方で、病気の時や不安な時には、4歳になっても抱っこを求めて甘える場面が見られましたが、そろそろ抱っこに恥ずかしさを感じる年頃だったのです。

私は娘が産まれてから、意識して抱くようにしました。少し大きくなってからも、家の外でも求めに応じて受け入れてきたのです。それは、小さい時の身体接触が、その後の心の成長にとってとても大切だと、それまで得た知識と経験から私が学んでいたからです。しかし、いつもそうではありません。保護はするけど過保護にならないように心がけました。将来の自立を見すえて、娘がころんでも助け起こさなかったのです。2歳になると毎日散歩に出かけるようになりましたが、私の手を振りほどいて走るようになったので、どうしてもころんでしまいます。そんな時、私は後ろで見守るだけで手助けしません。道行く人たちからは「冷たいお父さんね」という顔をされましたが、一切救いの手をださなかったのです。でもある時、ひざをしたたか打ったにもかかわらず、「だいじょう〜ぶ！」とけなげに言いながら一人で立ち上がろうとしましたが、ふらついて起き上がれなかったときには、さすがに抱き起こしてやりましたけどね。

一般的に、4歳を過ぎれば長時間親から離れても平気になりますが、今度は親の方が自分を求めなくなったわが子に淋しさを覚えるのです。印象深い光景として、幼稚園年長組（5、

ブランコ乗り

長靴取り替えっこ

ドングリ拾い

6歳児）で一泊のお泊まり保育に行くとき、園バスの窓から園児たちはうれしそうに手を振っているのに、見送る母親の何人かは永遠の別れをするかのように、バスが出発してからも、わが子の姿が消えていった方向に向かって涙を流しながら手を振っていたのです。親の方にも子離れが求められます。

私が考える育児の目的は子どもの自立です。社会人として生きるための知識と技術を身につけ、対人関係を積み重ね、学業を終えて仕事につくのが目標となります。それと同時に、親からの精神的な自立も大切です。親別れして真に自立できた人は、親よりも彼・彼女を大切にして、新たな家庭を築いた二人の間に産まれくる子どもを夫婦が力を合わせて育てます。これからは、生まれ育った家ではなく、二人が築く新たな家庭に目を移して生きていくのです。

ところで、わが家の場合は5歳の娘に宣言されてしまいました。

「あかね　おおきくなったら　おかあさんはおばあちゃん　おとうさんはおじいちゃん

あかね　およめさんになって　バイバイね」。……どこで、こんなの覚えてきたんだろう。

やっぱり幼稚園だな、これは。

親から離れる幼児期の終わりから思春期に入るまでの7～8年は、友だちと遊び、ケンカや競争をして、共に勉強に励む大切な時期です。精神的にも安定していて、人なつっこく快活で、育てやすい時期でもあるのです。この時期の授抱は、兄弟姉妹間や仲間との遊びの中に見られ、親愛の情と結びついて現れます。その一方で、まだまだ甘えたくて、親との絆を確かめたい年頃なので、表面的には授抱がなくなっても、時には抱きしめてあげて親子の絆を確認しあいましょう。それが親子を幸せにしてくれます。親に抱かれて、改めて愛情を感じる様子を小学校1年生の詩で確認できます（鹿島・灰谷、1981年）。

「おかあさんのたからもの」　ながた　まさひこ

おかあさんに
「おかあさんのたからものはなに」と　きくと
「まあくんととっちゃん」といいます
だから　ぼくが
「おかあさんのいのちよりだいじ」と　ゆうと
おかあさんは
ぼくとおにいちゃんをだきしめて
「うん」といいます
ぼくはとってもうれしいんです

次に、マンガ「ドラえもん」の中で、小学校5年生のび太君がつぶやく「ドラことば」を紹介します（小学館ドラえもんルーム、2006年）。

「でもな……。ときどき赤ん坊みたいに、あまえてみたくなるときがあるんだよ。あったかあい気持ちになれるんだよ」

読者の小学生たちは、自分の思いを代弁してもらえたと感じるのでしょう。

もう一人、悲しいときやつらいときには、親に慰めてもらおう抱いてもらおうとする小学生がいます。2012年のNHK紅白歌合戦で多くの人の感動を呼んだ美輪明宏《みわあきひろ》さんの「ヨイトマケの歌」の歌詞で紹介します。貧しい家に育ち、一家を支えるために母ちゃんが土方《どかた》（肉体労働の建設業に従事する人）をしていて、汗とほこりにまみれて汚い母ちゃんの様子を同級生にからかわれていじめられ、泣きながら学校から逃げて帰ろうとする少年が、日に焼けながら汗を流して、子どものためにエンヤコラと働く母ちゃんの姿を目にした場面です。

慰めてもらおう　抱いてもらおうと
息をはずませ　帰ってはきたが
母ちゃんの姿　見たときに
泣いた涙も　忘れはて
帰って行ったよ　学校へ

勉強するよと　言いながら
勉強するよと　言いながら

愛する母ちゃんに心配をかけまいとして、少年は母ちゃんに抱いてもらうのを我慢して、自立に向かって歩んでいくのでした。

だいたい10歳までの小学生は甘えて抱かれたい思いを持っています。どうぞ、甘えを受け止めてやってください。それが、自立へとつながります。さらに言えば、中高生になっても大人になっても、時には甘えは必要なのです。年頃の恋人たちが彼氏彼女に甘えるのは当たり前のようにありますし、結婚したカップルでは甘えによって絆が一層深まります。

そうした中で、成人男性が風俗業の女の人にぐちを聞いてもらったり身体に触るのも甘えの一種だといえます。それもお金を払って甘やかしてもらっているのですから、子どもに「甘えるな！」とは言えないはずです。

8　抱かれた子どもが抱く親になるのです

「子どもが大人になる」という表現によって、小さくてひよわな赤ちゃんが心身ともに成長していき、少しずつ自分でできるようになり、約20年かけて社会人として生きる力をつける自立の過程が示されます。一方、「子どもが親になる」には、世話されるばかりだった子どもが、今度は世話する側に回るという役割の逆転がありますし、子どもを産み育てて世代をつなぐ役割が含まれています。そして、親になる過程では、いくつかの重要な変化を経なければなりません。

思春期になると、親に対して自分の意見を主張し、親を避けたり拒否するようになり、その一方で異性に関心を持ち始めて、親から離れていきます。身体面では、身長と体重が急に増えると共に、性による違いがはっきり出てきます。そうして、小学生の間に少なくなった授抱は、思春期以降に再び現れます。しかし、今度は親子の間ではなく、男女の恋愛・性行動として、触わる、なでる、抱きあう行為が見られるようになります。交際の最初では手をつなぎ、次は身体を寄せ合って肩を抱くという触れあいから、ペッティングやキスへと進みます。そして、二人の想いが深まり女性が受け入れれば、深い肉体関係に至るのです。
イギリスの動物学者モリスさんは、青年期の恋愛・性行動に見られる身体接触が乳幼児期の親子間の身体接触に由来していると述べていますが（モリス、1971年）、私も同意見です。その様子を短歌に見てみましょう。ここには、乳児期と青年期に共通して、授抱が安らぎをもたらす様子が歌われています（岡、1996年）。

岡しのぶ（19歳の短歌）

心地よい　あなたの腕の中にいて　赤児のごとく　心音を聴く

親からの愛情を受けて育った子どもたちが年頃になって、男女の愛情を交わしあうためには、基本的信頼感、自己肯定感（自尊心、自信）、そして安定した愛着、つまり「三つ子の魂」がとても大切なのです。自信がないと異性と付き合えませんし、相手を信頼できなければ恋愛が続きません。その後、男女が自分の意思で結婚して良き親になるためには、それまで育ててくれた親から精神的に自立している必要があります。日本では、自立しない青年たちがそのまま結婚して、マザコンやファザコンと呼ばれていますが、キリスト教の国々では昔から親離れを進める文化があったのです。

聖書の中では「神は人を男と女とに造られた。それゆえに、人はその父母を離れて、ふたりの者は一体となるべきである」（新約聖書「マルコ伝」10章、6－8節）と記されていて、親離れの後に夫婦になるよう求めているのです。

一組の男女が良い形で一体となるためには、子ども時代からの色んな体験が必要です。つまり、①親密な人間関係を親から学び、②子ども同士の関係を拡げ、③異性との交際の経験を積むのです。①は、乳児期からずっと親が世話してくれて、安定した愛着が作られる中で育ちます。次に②は、幼児期や児童期の兄弟姉妹や友だちとの関わりによって身につきます。そして、産まれてから10数年たって、色んな人間関係を体験した上で、③思春期・青年期に入って恋が芽生えて交際する中で、一組の男女が永続的な関係を育てていく素地ができるのです。その際、共に生きたいと願う特定の異性を求め、誰でもよいというわけではありません。

父母から離れて男女が一体になると記した聖書は西洋文化の源で、欧米の人々はこの教えに基づいて人としての自立をめざしてきました。しかし、キリスト教文化ではない日本では、この教えとは違った形で子どもに接してきたのです。つまり、いつまでも親が子を離そうとしないし、親が子を支配するケースが少なくありません。中でも、かつては家制度のもとで、家を維持するためには、親が子どもの結婚を決めるのは当然であって、子どもはそれに従わされました。親が気に入らない相手には、たとえお互い愛しあっていても、「家柄が違うから」「お前にはふさわしくない」などと圧力をかけたのです。たしかに、人生経験が豊富な親の意見には一理あるので、耳を傾ける必要はあるでしょうが、家制度が崩れた現在になっても、自分の結婚なのにもかかわらず、成長した子どもが親の意見に従うばかりというのであれば、自分の人生が親に乗っ取られたも同然です。自立した子どもであれば、自分が選んだ相手と結ばれるよう、親の意見を変えるくらいの情熱を持ってもらいたいものです。

悲しい事実ですが、自分の体面や都合ばかり考えて、子どもの幸せを願わない親、邪魔する親は現実にいますし、子どもを手離さず子どもから離れない親もいます。ですから、思春期以降であれば、そんな親に反論したり、場合によっては生活力を身につけた上で家を出ていけばいいのです。昔から、家出、勘当《かんどう》、縁切りはいつの世でもありましたし、自立のためには親と相対する必要もあるでしょう。

さかのぼってみると、儒教を創始した孔子は『論語』の中でこう説いています。

「親が間違っているときは遠回しに忠告する。たとえ聞き入れられなくても、逆らったりしてはいけない。そのためにいやな思いをしても恨んではいけない」（「里仁」第四の十八）

いくら間違っていても親を変えるのは至難の業です。とりわけ、わが子に指摘された親は意地を張ってしまいます。ですから、直接反論せずに、言い方に気をつけて自分の意見を主張すると共に、親から距離を置くのが賢明です。

ところで、授抱で示される愛の行為、つまり抱く、なでる、そして触れる、は子どもにとって心地よいものです。それに対して、同じ手と腕を使う行為、なぐる、たたく、落とすなどの暴力は子どもをおびえさせ、恐さを植えつけるもので、愛とは正反対の行為です。ですから、私の考えでは、愛のムチやしつけのための体罰はあり得ません。愛を伴う身体接触はあくまで心地よいものだと子どもに伝えなくてはならないのです。長い人類の歴史の中で、人間同士の争い、犯罪、戦争などの暴力行為が古今東西《ここんとうざい》生じてきました。これも発達した大脳や自由に動く手と腕を持ったためです。しかし、人類は暴力を理性や規律で抑える方向へと進化してきたはずです。その方向性に沿ったこの本では、授抱の用語によって、相手を傷つける身体接触、つまり虐待、DV、体罰、そしていじめを否定する根拠を強めたいと考えています。

さて、親子間の授抱がなくなったとしても、その後は兄弟姉妹の関わり、友人同士での遊び、男女間の恋愛・性行為、わが子の育児、孫の世話、老いた自分の介護など、生涯にわたって、かけがえのない人たちとの間で様々な形で表れてきます。子育ては約20年で終わりますが、その後、育った子どもが社会人・家庭人として約60年の人生を過ごす中で、色んな人との授抱を通して人間関係が展開していくのです。中でも、親としてわが子を育てるためには、永続的な人間関係を保つ社会性が求められます。それも、違う性同士の夫婦、そして20歳も年の離れた親子が共に生活を送るのです。そのような深い社会性を可能にするのは、お互いの信頼感、コミュニケーション能力、思いやり、忍耐などで、幼いときからその素地ができるのです。

子どもは成長して男と女になり、親になります。そして、親になってもずっと男と女として関わり続けます。ただし、授抱の相手は特定の人に限られて、誰でも良いわけではありません。肌と肌を合わせるのですから、見知らぬ人や嫌悪感を抱く人では成り立たないのです。しかしその一方で、愛情がなくても性行為は可能です。特に男性は、性欲のおもむくままに女性と関係を持つ人がいて、応じてくれる女性がいれば、誰でもいい場合があるのです。そして、男女問わず、乳幼児期に親との間に安定した愛着を形成できなかった人の中には、不特定多数の異性と関係を持つという問題を抱えてしまいます。

つまり、健全な「三つ子の魂」が育っていない人でも、男女として恋愛関係に入れるし、母親と父親になれます。それは、生殖行為が本能的であり、人間であればだれでも恋をして、性交する能力が生まれつき備わっているからです。そして、生物学的親になります。でも、親になってからが問題です。人間の育児には、本能だけでなく、経験による学習が必要で、「抱かれた子どもが抱く親になる」ときに大きく影響するのが、乳幼児期に育った「三つ子の魂」と「六つ子の魂」なのです。

では、抱かれなかった子どもは、子を抱かない親になるのでしょうか? 多くの人生物語を見ると、親に愛されず、大切にされてこなかった人であっても、その後、親友や恋人、そして結婚相手との良い出会いがあれば、「三つ子の魂」を育て直しています。さらには、わが子との生活の中で取り戻せるのです。

ここで紹介するのは、2歳のときに両親の離婚により施設に預けられて中学3年まで過ごした男性エドワードさん（仮名）です（金子、2004年）。彼は、実親との愛着が十分形成されずに施設入所し、そこでも次々と代わる多くの職員に育てられ、誰とも深い人間関係を築けないまま成長していきました。さらに施設では、年長の子どもからの暴力と暴言に加えて、小学5年生のときには施設職員からの虐待を受けたのです。そのため、高校一年くらいから様々な精神病理に苦しめられ、生活が荒れて非行を行うようになりましたが、成績の良い彼は大学に進学し、定職について、今では妻と2人の子どもと家庭を築き、多くの社会的活動にも関わっています。しかしながら、その間後遺症にずっと苦しめられてきたのです。満たされない思いと欠損感を埋めるために女性とつき合っても、それを埋めきれず、究極の淋しさともいうべき欠損感を抱えて生きてきました。

縁あって、結婚しましたが、妻も、その欠損感を埋めるには至りませんでした。子どもが産まれ、妻の体が弱いこともあり、懸命に子育てをしました。毎日のようにお風呂に入れ、寝かしつけ、休日は、ひたすら抱っこしながら、お出かけをしました。ひたすら、子どもを抱っこし、夢のような日々でした。

子どもが3歳くらいになったとき、ふと気づきました。あれほどに狂おしく私を苦しめた欠損感が、完全とはいわないけど、消えていることに。たぶん、子どもとの関係の中で埋まっていったのだと思いました。

こうしてエドワードさんは、親に抱かれなかった不幸な子ども時代を乗り越えて、わが子を抱いて育てて、健全な「三つ子の魂」を育もうと奮闘するお父さんになれたのです。

第3章

夫婦の協力が魂を産み育てます

三姉妹とのお風呂上がり

9　父親が子育てする動物が人間なのです

約4350種いる哺乳類では、もっぱらメスが子育てしていて、オスは知らぬ顔の動物がほとんどです。例外的に父親が子育てするのは、ゴリラ、小さなサル類のマーモセットとヨザル、そしてオオカミ、キツネ、タヌキなどの犬類くらいしかいません。その中に人間も入るのです。それは、人間の赤ちゃんが難産で産まれ、とても手がかかるので、母親だけでは育児が困難だからです。

人類の歴史を振り返ってみると、子どもを外敵や危険から守って、安全に育てるために家をつくり、その中で家族が協力して生活するようになりました。手のかかる乳児を抱えて、母親一人が自分の生活を送りながら子育てするのはほとんど不可能でした。そのため、父親になる男性に家にとどまってもらい、共同で子育てする必要が生じたのです。このように家族を形成するのも人間の特徴です。

その際、母親と父親の間には強い絆が求められます。男女をつなぎとめる仕組みの一つが性行為です。人間は他の動物とは違って、一年のうちの決まった時期だけ異性と交わる発情期がありません。一年中性交できる動物ともいえるのです。また、人間の性行為による受精率は高くなく、性交が生殖のためだけでなく、男女の絆を維持するためにもあるのです。体毛のない人間の肌はすべすべしていて、特に乳児と女性は皮下脂肪が多いために柔らかく、抱き心地が良い肌になっています。こうした特徴も、親子が、そして男女が抱きあうという愛の営みを豊かにしているはずです。

ここで、『裸のサル』という変わった題名の本を紹介します。イギリスの動物行動学者モリスさんの本です（モリス、1967年）。人はサル、つまり霊長類の仲間ですが、他のサルと違って、二本足で歩く、発達した大脳を持っている、家族をつくるなどの特長があります。その中でモリスさんは、身体の毛がないという性質を取り上げて、人の子育てや恋愛・性行動について、生物学の視点から解説した本に「裸のサル」という題をつけたのでした。この本では愛情が大きなテーマです。丸裸で産まれてくる新生児はひよわな存在なので、母親は大切に守って育てなければならないし、幼い子どもを家に置いたままでは出かけられないので父親の協力が必要となり、長い子ども時代を父母二人が協力して育てるために、母親と父親の絆を深めるしくみが発達して、家族が生じたという内容です。「裸のサル」の私たちは、哺乳類であり霊長類で、ヒト科ホモ・サピエンスです。長年の進化によって、現在のような心と身体ができあがりました。

母親の子育て負担を少なくするために、人類の祖先は長い年月をかけて父親という存在を

お父さんは育児も調理もできるのです。家族のバーベキューでは一層能力を発揮します。

つくり、家庭を築くようになったわけですから、母親と協力して、わが子を育てて初めて父親なのです。仕事はバリバリして給料をかせぐけれども、夫と父親の役割を果たさない人は、男性であっても夫・父とは呼べません。女性は産む大役を果たし、自分の血液から母乳を生みだして授乳を担当します。一方、授抱は男女どちらでも可能ですし、男性は産めない性だから、せめて筋力がある男性が授抱を担うのが理にかなっているのではないでしょうか。

また、産みの母だから愛情を持って子どもを育てる能力があるのではなく、男女の区別なく、親でなくても、さらに血がつながっていなくても、人間として同じ種族の子どもを世話する能力をわれわれは備えていると私は考えます。加えて、授抱の用語で私が主張したいのは、人間性の一つとして抱く能力を遺伝的に授かっているのだから、それを抑えたり否定したりしなければ、性別や年齢や血縁関係にかかわらず、子どもを抱いて世話できるということなのです。ですから、おじいちゃん・おばあちゃん、お兄ちゃん・お姉ちゃんも抱っことおんぶができます。さらには、家族以外の人たち、たとえば保育所に預けて保育士さんにゆだねてもいいでしょう。赤ちゃんの周りの多くの人たちが赤ちゃんと仲良しになって、肌と肌を触れ合って、直接愛情を伝えていってほしいと願っています。

しかし、この授抱という人間の特性は、文化・社会のあり方によって大きく変化します。いくら本来的に授抱の能力を備えている男性であっても、社会が抑制すれば授抱を示すはずありません。西洋社会にも日本社会にも、「男らしさ」という言葉で、男性の育児能力を抑えてきた歴史があるのです。私たち日本人が手本にしたがる西洋文明は、育児文化に関しては誤りがあったといえるでしょう。欧米の研究者たちは、かつて自国の文化の中では、父親が子どもと愛情こまやかに関わるのは男性的ではないとされ、小さい子どもに対する少年の優しさは抑えられ、男らしさや男性優位が教え込まれてきたのだと訴えています（アイブル＝アイベスフェルト、1989年：モンターギュ、1981年）。

それに加えて、現代日本の家族は一層父親を求めています。産後1か月の新生児期に、母親が育児と家事を全部行わなければならない時代はこれまでありませんでした。以前は姑《しゅうとめ》さんなど、他の女性がやってくれたので、1か月の間、母親は赤ちゃんと添い寝して、授乳だけすればよかったのです。ですから、過去の日本人が経験したことのない新しい育児を核家族化が進んだ現代の母親と父親はしなければならないのです（松田、1999年）。

どの母親も最初の子どものときは子育ての素人です。その上、赤ちゃんを抱いたり触れたりする経験のないまま親になる女性が大半ですし、昔のように姑さんから赤ちゃんの扱いを教えてもらえず、経験のないまま孤立して育てているのですから、大きな不安を抱いています。分からないことだらけで、うまくいかないことの連続です。育児の負担が大きくなれば、わが子を遠ざけたり嫌いになったりして、「この子を産まなければよかった」と思うのも無理はありません。父親をはじめ周囲の人は、そんな母親を温かい心で受け入れてあげたいものです。つらそうな母親から不安や悩みを打ち明けられたとき、「夜回り先生」風にこう答えてあげましょう（水谷、2004年）。


「子どもをかわいく思えない」　「いいんだよ」

「子どもに泣かれると憎らしくなる」　「いいんだよ」

「もう、抱っこするのは嫌！」　「いいんだよ」

「いい母にはなれないわ」　「いいんだよ」

「私は母親失格だわ」　「いいんだよ」

「子どもを叩いてしまいそう」　「でも、それだけはダメだよ」

産まれたばかりの赤ちゃんの一日は、起きる、泣く、おっぱいを飲む、うんこする、しっこする、寝る、の繰り返しです。しかも、寝る起きるとおっぱいの繰り返しは3、4時間おきに昼夜の区別なく続きますし、お風呂も加わります。そんな一日が毎日休みなく繰り返されるのです。いつ終わるともしれない日々の中で、お母さんは疲れはてて、うつ状態や育児ノイローゼになる人が少なくありません。中でも、かんが強く、よく泣く赤ちゃんだと起きている間じゅう抱っこしなくてはならないので、お母さんの中には髪もとけず歯も磨けず、お化粧さえ何日もできない人がいます。

発達心理学者の鯨岡峻《くじらおかたかし》さんがおじいちゃんになったとき、お孫さんが男の子で、とても大きな声で夜中もしょっちゅう泣くので、母親となった娘さんは疲れ果ててしまったそうです（鯨岡、２００９年）。朝起きてくると、娘さんは幽霊のようにぼーっとしていて、昨晩全然寝られなかったと泣きそうな顔になっていました。そこでおじいちゃんの鯨岡さんは、

「私が抱っこしているから、1時間でも寝なさい」と言って、私は必死になって抱っこをして、「からす」を何回も歌います。20回ぐらい歌っていると敵もあきらめて寝てくれて、そうするとこちらも大変うれしい。「からす」を歌って孫が寝てくれてこんなにうれしい気持ちになったなんて、最近の生活にあったかなあと思うわけですね。そし

て、娘をサポートしながらも、娘が母になっていくのを見守らなければいけない。そういうことがあって、やはりおじいちゃんになるのも結構大変で、妻ともども「大変だねえ」と言い合いました。

その後も、だんだん重くなっていく赤ちゃんを抱く娘さんは腱鞘炎《けんしょうえん》と腰痛《ようつう》になって赤ちゃんを抱けなくなったので、今度はおばあちゃんが抱くようになったそうです。とても母親だけで育てられる状態ではなかったのですが、実家に帰っておじいちゃんとおばあちゃんの助けを得られたのは恵まれていました。

こうした育児のつらさは昔から変わりません。だから、かわいいはずのわが子が嫌悪や憎しみの対象になるのです。芸術家岡本太郎さんの母親で、小説家・歌人だった岡本かの子さんは短歌三題「親子因縁《いんねん》」を詠《よ》みました（岡本、1925年）。かの子さんは執筆の邪魔になるからと、幼い太郎さんをヒモで柱やたんすにつないで、机に向かっていたそうです。母がわが子に愛と憎しみという両方の感情を抱くのは珍しくありません。

これがそも　まことにわれの生める子か　泣きわめく子を　つくづくと見る
これがそも　まことにわれの生める子か　あまり可愛ゆし　つくづくと見る
何しかも　わが愛憎《あいぞう》の　ふたおもて　子にさへ向きて　飽くを知らざる

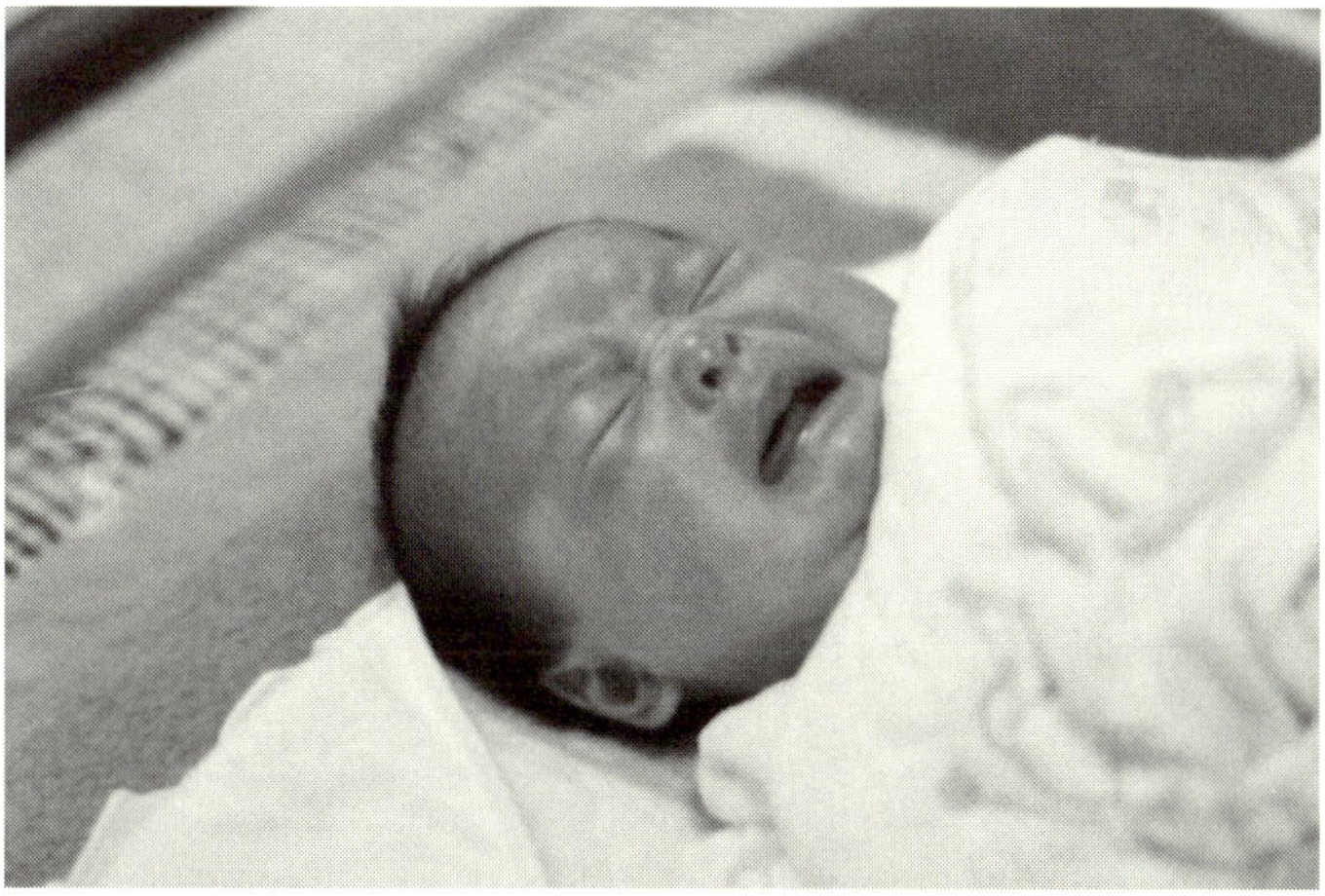

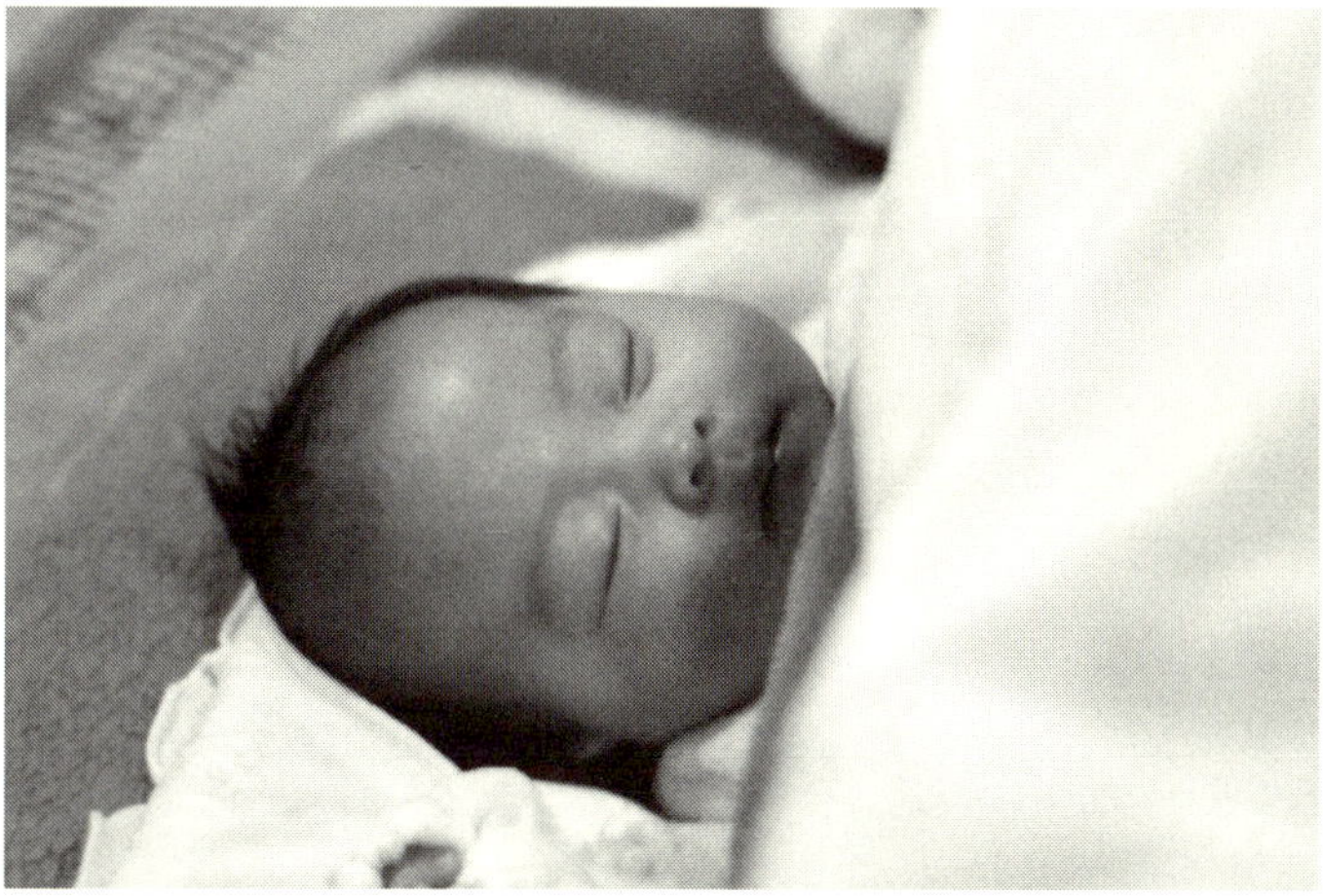

顔を真っ赤にして泣く声はすごいし顔もすごいな。それに比べて、なんと寝顔はかわいいのでしょう。（生後４か月）

かつて私には、たくさんの子どもがいました。1、2歳の子どもたち約20名から「かねことうさん」と呼ばれていた私は20代後半で未婚でした。その当時、乳児院で保父の仕事をしていて、実親と離れて施設で暮らす幼子たちの親代わりをしていたのです。オシメを換えたり食事を与えたり、子どもたちと生活を共にしていた私は、全国でも珍しい「未婚の父」だったのです。私は乳児院で最初の男性職員でしたから、色んな出来事が起こりましたし、同僚の女性職員にも迷惑をかけました。お互い、付き合い方が分かりませんから大変です。でも、私は乳児院職員として抱っこの修行を積んでいったのです。初めはおっかなびっくりで、赤ちゃんを抱いた時にふるえていて、女性職員に笑われましたが、そのうちに慣れてきて、そうすると腕力の強い男だから安定した抱き方ができ、先輩保育士さんたちに見直されたものです。さらには、新生児を片手で抱きあげられるようになり、右腕と左腕に一人ずつ抱いて運んだりできたのです。これには、産婦人科で働いていた看護師さんからお墨付きをいただきました。こうした私の経験から、うまく抱っこできるためには、練習が必要だとつくづく思いました。先輩職員のお話だと「抱きは三年」だそうです。

乳児院では母乳をあげられませんから、100%粉ミルクの人工栄養です。だから、男性の私も女性職員と同じように授乳できました。そうしている内に、私の担当となった1歳児は、他に女性職員がいるにもかかわらず、私を第一の愛着対象として、「かねことうさん」

スキンシップが不足しているので、私の二つのひざを奪い合う乳児院の1、2歳児たちです。ひざが四つ必要です。

としたってくれたのです。

でも、そのうちに私の体調がだんだん悪くなっていきました。職場では子どもたちの泣き声が耳ざわりになり、騒ぐ声が続くとノイローゼ気味になって、大きな叫び声をあげたくなったのです。子どもたちが甘えてきても、どうしようもなく毛嫌いして、触れるのさえも避けてしまいました。身体がだるくて微熱が続き、風邪をひいたような症状が治まりません。医師は一通りの診察と治療をしてくれたのですが、何度通院しても良くならず、原因は分からずじまいでした。結局、病名はつかず「育児ノイローゼらしい」という結論になったのです。

こうして、未婚の父の私は〝育児ノイローゼ〟という貴重な体験をさせてもらいました。育児の大変さをわが身で知って、幼い子どもを育てるお母さんたちの苦労の一端が分かったのです。この体験が、その後の私の考え方に大きく影響を与えました。日本の男性たちが同じような体験をしたら、子育てするお母さんのつらさを理解して、育児に協力する気持ちがもっと出てくるでしょうに……。

今日の日本では、乳幼児の育児や老人の介護は女性だけの仕事だとみなされて、多くの男たちは自分には関係ないと考えています。関心があったとしても、現実には仕事に追われて家族のために筋力を使う機会が持てません。だから、筋力の弱い女性が育児や介護などの体力を必要とする役割をしなければならず、その負担は大きいのです。

10　夫婦円満が子育ての基本です

現在の日本では、「夫は仕事、妻は家庭」となってしまい、夫婦二人の生活が断ち切られがちで、心が離れてしまった夫婦は少なくありません。そして、一人だけに役割が集中して、「夫は仕事」で死にそうで、「妻は家庭」に縛りつけられた状態になっています。たしかに、現在の日本では父親があまりに忙しく疲れ果てているので、その様子を間近に見る母親は、少しの時間でさえ父親に育児を頼むのをためらってしまう状況です。だから、母親は髪がとけなくても歯を磨けなくても、必死になって一人で赤ちゃんの世話を続けなければなりません。このように、夫と父親が家庭から奪われている中にあって、せめて出産後の数か月は父親が残業しない、出張に行かなくてもいいように勤務先の理解と協力が欲しいものです。これに関して、家族心理学者の柏木惠子さんは、「乳幼児をもつ労働者は（その期間に限り）男女とも残業を禁止する」という具体的な提案をしています（柏木、2008年）。労働者としての父と母が、家事と育児を十分に行える時間を確保する提案で、私も大賛成です。

今では、核家族世帯の中で、一組の夫婦が協力して家事と育児をしないと成り立たなくなりました。これまでの「夫は仕事、妻は家庭」ではなく、「夫も妻も仕事と家庭をそれぞれ分担する」形にしていかないといけません。そのためにも、乳幼児期には父母の残業や転勤を控えたり、通勤時間が短くてすむような住宅を確保できるようにする必要があると思います。そして、帰宅した親が、ほんの10分でも子どもたちを抱き上げたりして、わが子と関わるように心がけるだけでも違ってくるでしょう。

父親の役割として、母親が安心できて、心にゆとりの持てる家庭環境づくりがあります。そのため私は、「母は授乳で父は授抱」という役割分担を紹介しました。筋力の強い男性が子どもを抱っこしたり、年老いた親を介護する役割を果たすのが、理にかなっているといえるでしょう。これまで、男性の身体的特長を育児や家事に生かすという発想はありませんでしたが、これからの日本の家庭では、ぜひ取り入れてもらいたいものです。そして、職場では気を抜けない時間を過ごす父親にとっても、家庭が居心地のいい場所にならなければ、心の休まるところはどこにもないではありませんか。

父親が存在する哺乳類はごくわずかです。その中にあって、人間の家族では長く続く夫婦関係が中心となって、二人が協力して育児を行う動物として進化してきました。そこでは性生活が夫婦をつなぎとめる役割を果たしているのです。

他の動物にない人間だけの特性の一つに、性行為での女性のオーガズム、快感の絶頂があります。男性との営みによって、優しく触れられ、抱きしめられて、愛撫されていくと、徐々に快感が高まりオーガズムに達します。男性の方も女性のきめ細かくなめらかな肌に触れるのは心地よく、自由に動く手と腕、そして唇を使ってお互いが快楽を求めあうのです。さらに、女性の中には前戯の愛撫をたっぷりしてほしい、性交よりも優しく抱きしめてほしいと願う人がいます。何よりも、女性の肌は全身が性感帯なのです。

いうまでもなく、母親と父親になっても相変わらず女と男です。夫婦二人だけのひとときを過ごすためには、安心して行為ができる家が必要です。欧米のように子どもを別室に一人で寝かせ、夫婦だけの寝室に入るという文化ではいいでしょうが、日本のように親子が一室で川の字に寝る生活だと子どもが気になって、夜は早く寝てくれて起きないでほしいと祈るばかりです。そうしている内に、夫婦生活は減る一方で、セックスレス夫婦になるカップルが後を絶ちません。なにしろ、日本人夫婦のセックス回数と満足度は主要46か国中最低なのです。子育て支援の前に子づくり支援が求められます。

ここで「こんにちは赤ちゃん」の2番の歌詞を見てみましょう。

こんにちは赤ちゃん　お願いがあるの
こんにちは赤ちゃん　ときどきはパパと
ホラ　ふたりだけの　静かな夜を
つくってほしいの　おやすみなさい

夫婦二人だけの夜を過ごすから二人目、三人目の子どもが授かるのです。

瀬戸内寂聴《じゃくちょう》さんは、セックスをすると自分が限りなく優しくなれるし、そんな自分が好きなので一生懸命励まれたそうですが、相手のためというより自分のためだったかも知れないと書いています（瀬戸内・瀬戸内、1990年）。その一方で、一度も性の経験がなくても生涯独身でも、人間としての価値は変わらない、とも述べているのです。しかし、人として生まれたからには、性の悦びを味わいたいもので、次のような名言を紹介して下さいました。

「男は女を歓ばせることで快楽を覚え、女は男に歓ばされることが快楽につながるのでしょう」

続いて、瀬戸内さんによれば、女性は40代が花盛りで、生も性も一番充実した時期だそうです。ですから、10代や20代の若い女性を欲しがる男たちは、未熟な果物のような味わいのないものを食べていて、一時的に性欲を解消するだけの、いかにも味気ない性愛を追いかけているのだそうです。熟しておいしくなる40代の性こそ最高なのに、日本の夫どもはその年頃の妻を抱かず、若い女性ばかり追いかけるという奇妙な現象が起こっています。夫たちは宝の持ち腐れ状態で、放っておかれた妻たちが外へ出て不倫したって文句は言えません。

今日の30代、40代の女性たちはエステやダイエットにはげみ、赤ちゃん肌やくびれ腰をめざしています。そうした中、出産後のお母さんがベビーベッドを置いた部屋でシェイプアップに励んで、くびれ腰を取り戻し、再び身体的に魅力的な妻になるように努めるのも夫婦円満のために大切だと思います。

女性たちは、赤ちゃんの肌のようにきめ細かく柔らかくて、抱き心地や触り心地がよい赤ちゃん肌や美肌をめざしています。お金と時間をたっぷりかけて、脱毛、脱色、エステ、温泉などで赤ちゃん肌に近づこうと努力しているのです。赤ちゃんと女性の共通点として、どちらも親と男性に対しては受け身なので、相手をひきつける必要があり、そのために魅力的な肌を持っているのかもしれません。きめの細かいすべすべした肌を求める女性は、それによって赤ちゃんのように優しく触って抱いてほしいという女心があるのでしょう。その一方で、ある若い女性が告白してくれました。「私の身体で彼があんなに悦んでくれるなんて、私幸せ！」。そうですね、女冥利《みょうり》に尽きるでしょう。相手の男性にとっても、彼女を幸せにできて嬉しかったでしょう。

人間関係を示す言葉に「肌が合う」という表現があります。生理的・心理的な相性を示す言葉で、肌が合ういとしい人を求めるのでしょう。ここで二つの短歌を紹介します。いずれも情熱的な表現で性愛での肌の印象深さを詠《うた》っています（与謝野、1901年：佐佐木、1970年）。

与謝野晶子
やわ肌の　あつき血汐に　ふれも見で　さびしからずや　道を説く君
佐佐木幸綱
なめらかな　肌だったっけ　若草の　妻ときめてた　かもしれぬ掌《て》は

11　母性と父性を考え直しましょう

儒教の孟子《もうし》が唱えた「惻隠《そくいん》の情」とは、人間ならばみな備えている心で、たとえば今まさに水の中に落ちそうな幼子を見たら、誰であってもためらわずに幼子を助けにいくでしょう。子どもを助けたいと考える前に、とっさに行為に出る能力を人間は備えていて、母だから父だからするのではないのです。ですから、母性や父性と言わなくても、人間の本性として、子どもを守りかわいがる心を持っていると考えたほうがよさそうです。そのため、子どもや家族の研究者たちは母性と父性を否定して、親性、養護性、あるいは育児性という言葉を使うようになりました。

それは女性的ではなく人間的なもので、女性と男性の違いを超えて人間として共通する心なのです。ですから私は、女性は母性があるから愛情に満ちていて、男性は父性によって厳しく育てる、などと女性と男性を区別する考え方には賛成できません。厳しい父親と優しい母親がいて育児としつけが成り立つとする「厳父慈母《げんぷじぼ》」は、封建時代の日本人が作り出した男女の役割分担ですが、現実には優しいお父さんがいるし、お母さんが厳しいときもありま

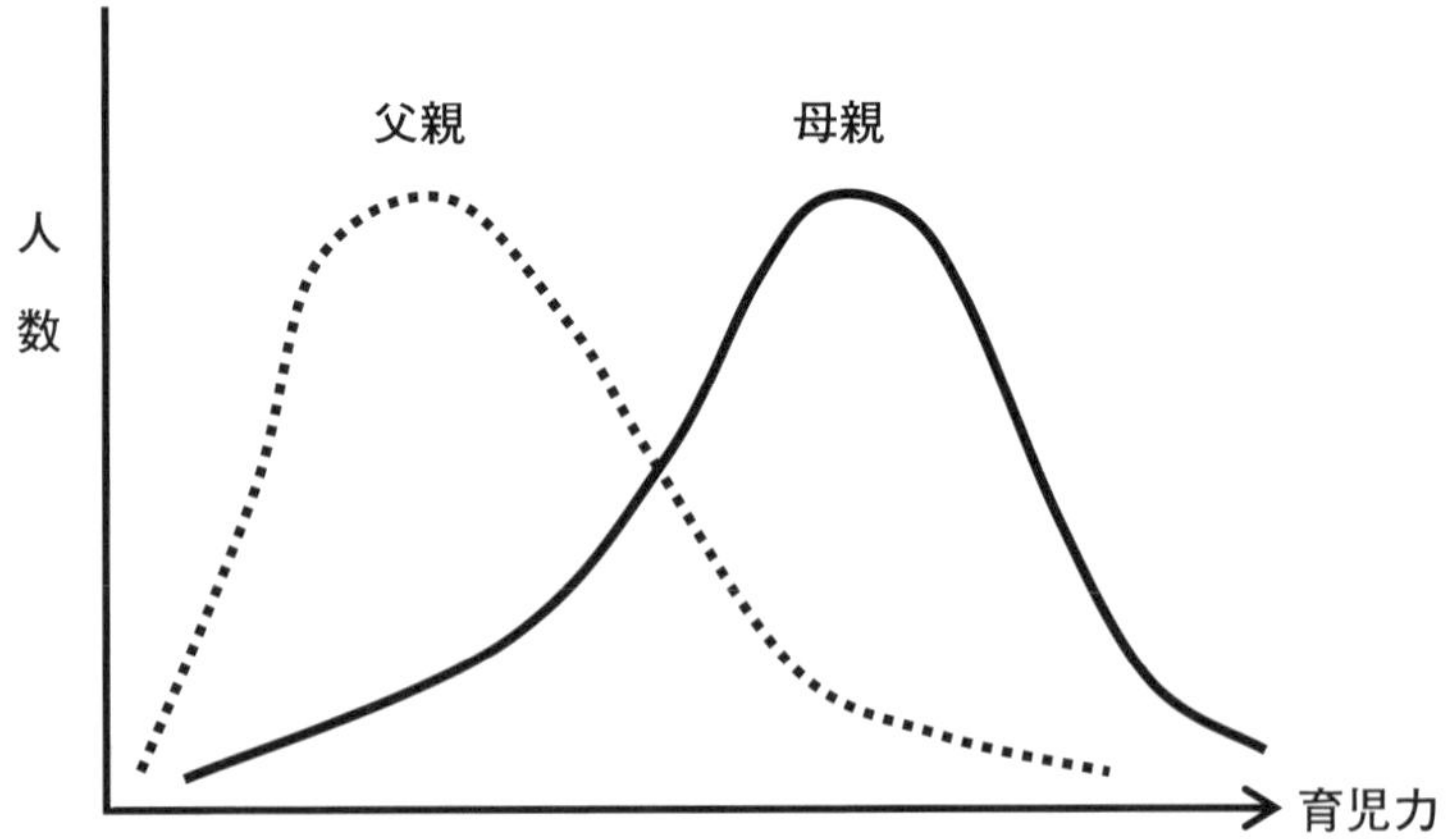

図２　母親と父親の育児力の分布（模式図）

す。何よりも、一人の人間が厳しさと優しさを兼ね備えているのが自然の姿です。これに関して、二宮尊徳《にのみやそんとく》の教えだと伝えられている言葉を紹介します。

「可愛いくば　五つ教《かぞ》えて　三つ褒《ほ》め
二つ叱りて　良き人となせ」

父母共に、わが子をかわいいと思えば、しつけをする際に、気持ちを落ち着かせるために五つ数えた後に、三つはほめて、二つ叱れば、良い人間に育てられると教えています。

たしかに女性と男性では、身体の形態と機能に明らかな違いがありますが、子どもに向かう心理にはそんなに違いはないし、個人差も大きく、女性より育児が上手な男性がいるのです。ここでは、母親と父親の育児力の違いを模式図で示しました

（図2）。

ちなみに私は、保父として多くの子どもたちを世話した体験があるので、平均的なお母さんたちより育児がうまいという自信があります。育児力は経験の有無によって上がったり下がったりします。日本社会が作り出した「父は仕事、母は育児」という性役割が、育児する際の女性と男性の違いを大きくしてきたのではないでしょうか。母だから愛情を持って子どもに接するのではなく、男女の区別なく、親でなくても、さらに血がつながっていなくても、人間として同じ種族の子どもを世話する能力をわれわれは備えています。

そもそも、母性は大正時代に作られた翻訳語です。それ以前の日本には母性という言葉はありませんでした。それが、母性という言葉ができてからは、母親は子どもを愛し育てるのであって、もっぱら母親が育児をするべきだ、と社会が母親に求めるようになりました。その母性に本能がつけられて、母性本能という言葉が昭和初期に作られてからは、すべての女性は生まれつき子どもを育てる本能を持っているのだから、子どもを愛してかわいがるのが当たり前で、できない母親は失格者だと責められるようになり、多くの母親が苦しむようになったのです（香山、2010年）。しかしながら、子どもを育てない母親は昔からいて、何人かのわが子を平等に扱わないとか、暴力を振るったり子どもを捨てたりしてきました。また、色んな理由で、どうしてもわが子をかわいく思えない、むしろ嫌悪感や憎しみを抱いてしまう母親も古今東西いたのです。

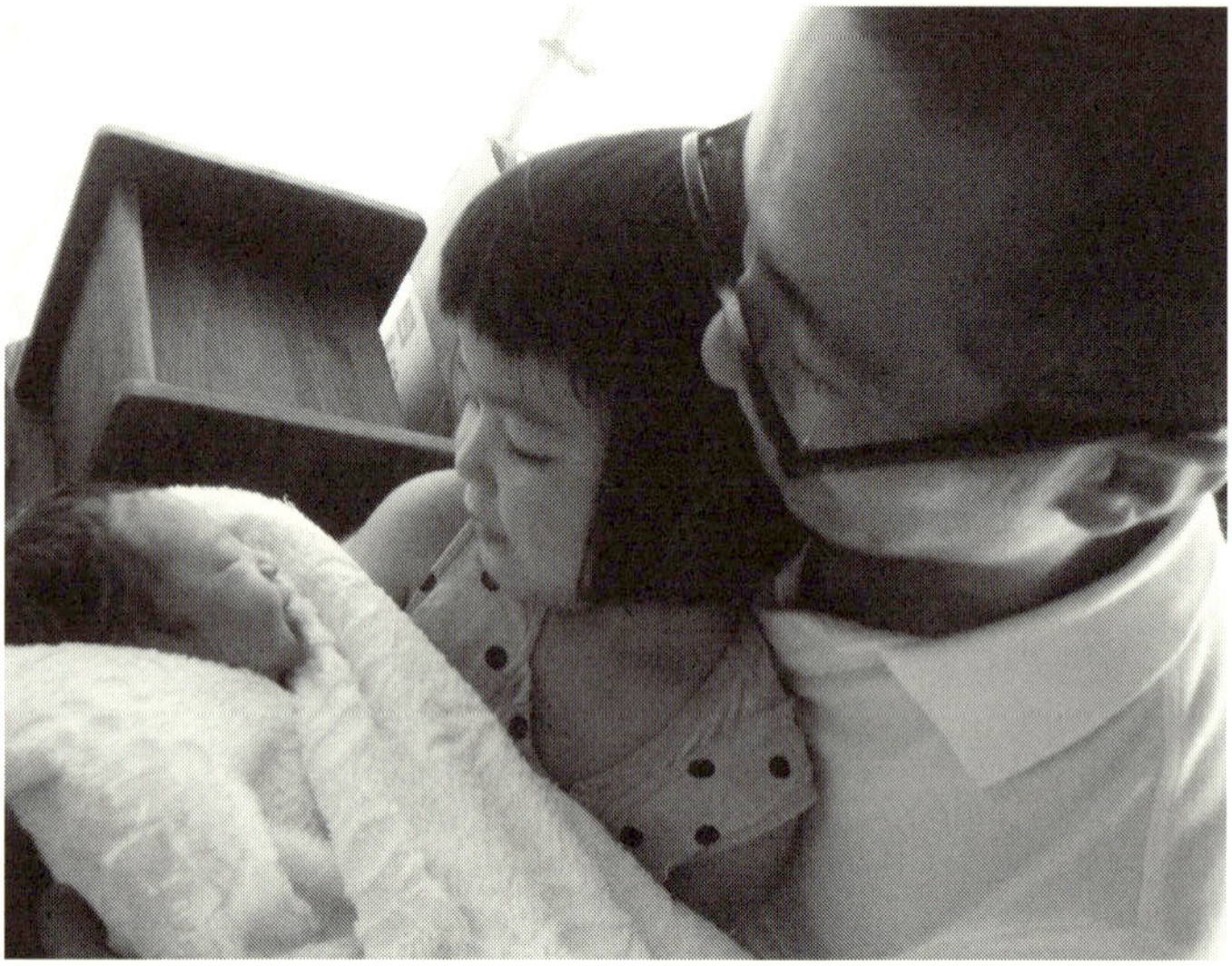

産まれたばかりの妹を抱くお姉ちゃんを包み込むお父さん。

現在、母性という言葉は医学用語として、母子保健や母性看護の分野で使われていて、妊娠、出産、そして母乳を与えるという女性特有の役割を果たすことだと説明されています。一方、母性本能は俗語で科学的根拠はありません。科学の世界では、人間の育児が本能だけでできるものではないと証明されています。そして、難産で産まれ、育児にも手がかかる赤ちゃんを抱えて、母親だけでは育児が成り立たないのが、人間という動物の特長なのです。父母や家族内外の人たちが協力して子育てを行うという大前提を忘れないようにしたいものです。

とにかく、人間の赤ちゃんはひよわな状態で産まれます。自分で動けず丸裸の新生児は、親に保護されないと命を保てません。でも、それだからこそ、親はいつくしみ守ろうとしますし、赤ちゃんの方も一番ひよわな時期に守ってくれる親に対して安心しきって、深い信頼を抱くようになるのです。赤ちゃんがひよわに産まれてくるから、親の愛が豊かになるのだと思います。その際、「かわいい。あなたが大切。あなたが大好き」の思いを、親が抱いたりなでたりして行動で示すから、言葉が分からない赤ちゃんに愛情として伝わるのです。

赤ちゃんを主に育てるのは一般的には母親です。ですから、母親が授乳と授抱を担当する機会が多いのですが、核家族の中で母だけの育児負担はとても大きく、父親の関わりが欠かせません。赤ちゃんを抱っこしてあやしたり、運ぶ役目を筋力の強い父がしてくれれば、母はとても助かります。ですから私は、授乳は母親で授抱は父親という分業を提案するのです。図2に示した育児力に母親と父親の差があるのは、母親が育児の責任を負っているからですが、それ以外にも、父親の育児経験が乏しいからです。大半の父親は、育児の大変さを分かっていません。父親が家事と育児を一日でもやってみれば、それがいかに大変か分かるでしょう。でも、やらないといつになっても分かりません。

私の場合は、乳児院で大勢の子どもたちを保育していて育児ノイローゼになりましたので、大変さを少しは体験できました。しかし、自分の子どもが産まれてからも、なかなか父親の意識が育ちませんでした。一つエピソードを紹介すると、子どもが産まれてから妻が私を「おとうさん」と呼ぶのがいやになりました。年齢からすると、十分父親なのですが、娘が産まれるまでの数年間、「あなた」と呼ばれ慣れていたのでなじみません。それに、「あなた

〜」と呼ばれると、次に何かいいことがありそうですが、「おとうさ〜ん」だと、「おしめを換えて」とか「お風呂に入れて」など、ろくなことがありません。

「あんたの父親じゃないんじゃけん、『おとうさん』と呼びんさんな。『あなた』といいんさいや」（興奮すると故郷の広島弁になる）

「はいはい、分かりました」

そうすると、娘も私を「あなた」と呼ぶようになりました。母親が「あなた」と呼んでいるから、それをまねしたわけで、当然といえば当然なのですが、2歳の娘に「あなた」と言われると照れてしまいます。

帰宅した私に気づくと、トコトコ玄関まで小走りでやって来て、「あなた　おかえり」と迎えてくれて、まんざらでもありません。若い女性からそう呼ばれると嬉しいものです。若すぎるか……。

そんな日々が続く中、三人で買い物に出かけたときでした。デパートのロビーにあるイスに腰かけていると、娘は眠たくなったのか、私に甘えてこう言ったのです。

「あなた　だっこ」

まわりの人は一斉に妻の方を向き、ニヤニヤ笑ったりヒソヒソ話し出したのです。顔を真っ赤にした妻は娘を抱き上げ、そそくさとその場を離れ、もちろん私も続きました。

その後も、父親として60点の点数があればいいと考えていた私ですから、手抜きの育児をしていましたが、発達心理学を学び、乳児院・児童養護施設の職員だった私は、抱っこの大切さを知識と体験から知っていたので、娘の子守りをまかされた時には、できるだけ抱くようにしたのでした。何といっても、男性の筋力は女性より強いので、父親が抱っこするのは理にかなっているでしょう。1歳過ぎて体重が10キロを超えてからは、さすがに長時間の抱っこはきつくなりましたが、筋肉トレーニングになるからと思いなおして、時には片方の腕で抱くように心がけました。お陰で二の腕は太くなりました。

そうするうちに、お母さんよりお父さんの方が力が強くて守ってくれると、3歳近くになると分かってきたようです。それまで、父のひざに乗ったり、背中におんぶされ、たかいたかいをしてもらい、触れ合ってきたからこそ、父の私を信頼して、私のそばだと安心感を抱けたのです。そんな娘のエピソードを二つ紹介します。

2歳9か月：ビデオで「ジュラシック・パーク」を観る。中でも、恐ろしげなティラノザウルスが気に入り、3回も見直した。母が「怖くないの？」と問うと「おとうさんがいるからこわくない」と答える。

3歳1か月：ウルトラマン・ショーに行く。着ぐるみのバルタン星人が〝フォッ、フォッ、フォッ〟と不気味に叫びながら現れると、大泣きをして父にしがみつく。そこに登場したウルトラマンがやっつけると安心した様子になったが、会場から早く出たがった。後日「おとうさんゴジラがいるから、バルタンせいじんこわくない」という。当時、父がゴジラで母がモスラだった。娘は赤ちゃんゴジラだそうだ。

娘の目には、父親の私が恐竜よりも宇宙人よりも強い、絶対的な安心感と信頼感を抱ける存在だったのです。

小学生になってもしばらくは、父との身体接触を求めていました。母親にはしてもらえないダイナミックな父の力強さも必要です。（5歳）

12　良夫賢父が家庭を支えます

良夫賢父《りょうふうけんぷ》の言葉がないのは、日本が昔から男尊女卑社会だからです。男は良くて賢いのだから言葉にする必要などない、という男性本位の考え方が見え隠れします。そして、日本男性の評価では、夫と父親の部分は考えず、もっぱら家の外での仕事だけなのが日本の社会だといえるでしょう。そして、「男は仕事、女は家庭」という役割分担が今でもはっきり認められます。

私は長男で一人息子ですからよく分かるのですが、日本男性は家庭の中では甘やかされてきたとつくづく感じます。勉強と仕事さえできれば、他の面で批判されることはまずありません。そして、家庭の中で悪夫愚父《あくふうぐふ》であっても、妻は耐え忍ぶばかりで、家族以外の人には分からないままです。昔から、酒好きで、ばくち打ちで、女好きの「飲む、打つ、買う」は、男たちの甲斐性《かいしょう》として大目に見られてきました。しかし、作家の菊池寛さんは「悪妻は百年の不作であるという。しかし、女性にとって、悪夫は百年の飢饉《ききん》である」という名言を残しています。悪夫のほうが悪妻よりたちが悪く、害が大きいのです。

こうした考えの元をたどれば、武家社会の男尊女卑や男女役割分担からきています。それも、江戸時代までは一部の武家階級だけだったのが、明治時代になると国民全体に広がっていきました。その後、第二次世界大戦後の家制度や家父長制の廃止や男女平等社会への取り組みで、状況が変わりましたが、相変らず日本人は武士・侍が好きなので、今日でも武家の風習が残っているのです。武士の家では、男性は家事や育児をしないのが当然と思われていたので、「男子厨房《ちゅうぼう》に入るべからず」と言われます。しかし実際は、武家の中では父親が家事や育児を行っていたという記録があるのです。

さて、男尊女卑の家制度のもとでの良妻賢母とは、家のために働き通しで、夫と義父母に従うばかりの嫁だったのです。辞書には、良妻賢母は「夫に対してはよい妻であり、子に対しては賢い母であること」（大辞泉）と説明されていますが、実態は違っていました。その一方で、夫のほうはいばってばかりの亭主関白や子どもに体罰を加える厳父、そして妻に暴力を振るう暴君という場合があったのです。しかし、辞書の説明通りならば、男性にも「妻に対してはよい夫であり、子に対しては賢い父であること」が成り立ち、良夫賢父と良妻賢母の両方が家庭に必要なのは当然です。

ところで、結婚して数年間、子どもに恵まれなかった私たちでしたので、妻の妊娠が分かった時には、作ったという感覚はなく、子どもが授かったと二人とも深く感謝しました。子どもという命は親が作るものではなく、人間を超えた神仏のような存在からいただいたと考えるべきでしょう。でも今日、多くの親たちは「子どもを作る」と思っているようで、私は賛成できません。作った次には「所有する」と続くのではないでしょうか。だから、「授かった子を預かっている」の反対は、「作った子を所有している」となります。そういう考えは、昔から日本社会に根強く存在します。そして、「所有する」考えからは、自分の子どもだから何をしてもいい、ことになりかねません。その一端が、親による体罰や虐待としてあらわれているのではないでしょうか。そうした暴力は、家庭という密室で行われているので、わが国ではほとんど罰せられません。街中で見知らぬ人を叩いて傷つけたら傷害罪で逮捕されますが、家の中ではどんなにひどい暴行をしても罪に問われないという不条理な状態が続いているのです。夫から妻、親から子どもへの暴力と暴言が罰せられないのは、家庭の中に上下関係があって、上の立場の人間、つまり父親は何をしても許されるという封建社会の思想が残っていて、男尊女卑の考えが今でもあるからです。そうした現状に対して、家庭の中で力の弱い妻や子どもに暴力を振るう父親は最低の存在で、そんな夫や父ならばいない方がよいという意識をみんなが持つ必要があります。家庭に必要なのは、「強きをくじき、弱きを助ける」正義の味方なのです。

一般的に、親の思う通りの人生を子どもに押しつけるのは、子どもを所有している考えからでしょうが、たいていの場合、親の思うように子どもは育ちません。そうすると、自分の気に入らない子どもをないがしろにする親も出てきます。しかし、親の考え通りに育たなかった子どもであっても、幸せに生きられるようにするのが本来の親の務めではないでしょうか。また、かつて女の子は家の跡取りではないので大切にされず、「なんだ、女か」と、産まれた娘の顔を見ようともしない父親がいたのです。兄弟姉妹が同じようにかわいがられない様子は、千年前の「源氏物語」にも描かれていますし、今日まで続いています。残念ながら、親がどの子もかわいがるというのは幻想にすぎません。

毎日顔を突き合わせる家庭で、兄弟姉妹間や親子間で比較されると、子どもたちは行き場をなくしてしまいます。同じ親のもとに産まれても、成績の良い子と悪い子はいますし、立派な親のようになれない子どももいるので、自分の親によって比較されるのは、子どもにとってつらいものがあります。人と比較されるのは大人にとっても嫌なものです。たとえば、いまだ役職につけない会社員の夫に向かって妻が、

「お隣のご主人は、今度課長さんになったんだって……。たしか、あなたと同期だけど、精力的だし、全然違うわね」

こう言われた夫は、家に帰りたくなくなりますよね。

逆に夫から、

「同じマンションの金子さんの奥さんは、キャリアウーマンでさっそうとしてるし、君と違っていつまでもスリムできれいだよね」と聞かされた妻の眼はつり上がるでしょう。

「もし自分が比較されたら……」と想像力を働かせて、そうしないように家族同士で心が

けて、家庭だけでも安らぎの場であってほしいと切に願います。

しかし、日本の男性たちは父親になるための教育を受けずに父親と呼ばれていて、父親の役目を果たさなくても批判されません。母親の方は〝母親失格〟と非難されるのに、おかしいと思います。だから私は「良夫賢父」という見出しのもとに、男性のあり方を考え直そうとするのです。かつて、江戸時代の学者林子平《しへい》は著書『父兄訓《ふけいくん》』の中で、「哀しいかな、人の父たる者、交合《こうごう》して子を生むわざを知るといへども、子を教ゆる道を知らざるなり」と記しています。女性が子どもを出産しただけで、すぐに立派な母親になれないように、父親も子どもを産ませるだけで子育てしなければ、良い父親になれるわけありません。

続いて、幕末から明治時代に活躍した福沢諭吉は著書『新女大学』(1899年)で、育児をする母親の苦労を父親が軽くするように求めています。それを現代言葉で示します。

「妻は妊娠・出産の苦労をするのはもちろん、出産後も乳児にお乳を与え、服を着せて、寒いとき暑いとき、昼も夜も注意をして心配するのだから、人の知らないところで苦労が多いものだ。そのため身体が弱っていたら、父としてその苦労を分かち合い、仕事があるとしても事情の許す限り、時間を見つけて育児に協力して、たとえ短い間でも妻を休ませるべきである」

これこそ、良夫賢父の姿ではないでしょうか。

世の中に存在する良夫賢父から悪夫愚父までの様々な父親たちは、それぞれの形で子どもに影響を与えてきました。父親の影響を知ってもらうために、二人の少女を紹介します。一人目は、家庭に恵まれない淋しさから援助交際（売春）に走った少女です。父親不在の虐待家庭で育ち、親の温かさを知らない家出少女の優紀子は、中3の夏に初めて援助交際に手を染めたのです（鈴木、2010年）。5万円で売買春が成立した相手は父親のような年齢のおじさんで、優紀子が初めての援交で感じたのは「ぬくもり」でした。

堅くなる優紀子を、小太りのオジサンはギュッと抱きしめてくれた。セックスの経験は随分あったが、その「ギュッと」は優紀子が初めて知った感覚だった。

「処女じゃないよね」

「まさか（笑）。てゆうかさ、もっとギュッとしてよ、もっと」

ラブホテルから街中へ、オジサンと手を繋《つな》いで歩く。別れるのが、すこし惜しかった。

援助交際する女子中高生は、性の逸脱行為という病理を持つ少女で、不純異性交遊をする不良と呼ばれるばかりですが、親から愛情をもらえなかったという被害者の側面があり、満たされない思いが援助交際に向かわせるようです。それよりも、自分の娘と同じ世代の少女を買春する大人の男性の犯罪性と病理も見逃せません。歪んだ日本社会の象徴が、未成年の少女と分かった上で買春する日本男性なのです。

もう一人、パパの「ぎゅーっ」を喜ぶ少女を紹介します。歳は6歳で、ママの文章です（PHP研究所、2012年）。

ときどき幼稚園の園バスの停留所にお迎えに行ってくれる夫。パパ曰く、「バスから降りた瞬間は、とぼとぼとつまらなそうに歩いているんだけど、おれの顔を見つけると全速力で駆けてくるんだよ。両手を広げてぎゅーっとする瞬間がしあわせ！」だそうです。ママがお迎えに行ってもそんなリアクションはしてくれないのですが（笑）、この「ぎゅーっ」は、パパにとってもごほうびの瞬間になっているみたいです。

同じように「ぎゅーっ」が好きな二人の少女は、どちらも〝父親〟を求めています。しかし、援助交際相手の男性は性の対象として少女と関わったのです。援助交際に手を染める少女から多くの相談を受けてきた夜回り先生の水谷さんは、次のように訴えます（水谷、2013年）。

援助交際をしている子どもたちのほとんどは、決してお金のためにからだを売っているのではありません。むしろ、優しさを求めている。父親の優しさを。私は、そんな彼女たちのからだを汚す男たちを許すことができません。

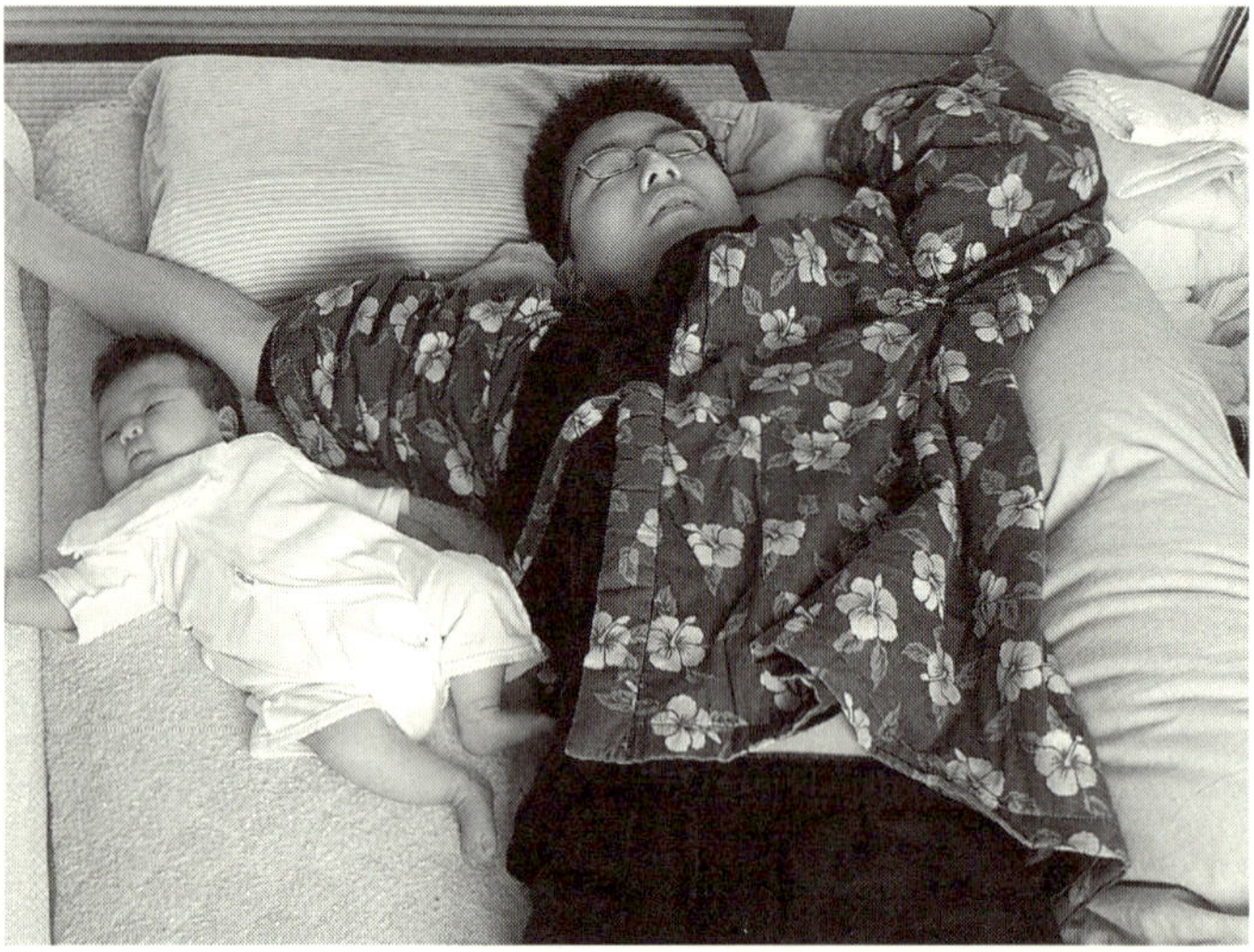

おっと、あぶない！　爆睡中のお父さん。でも、家族のために一生懸命働いてくれる「良夫賢父」がみんな大好きです。

そうすると、二人の少女が抱く〝父親〟の違いを、愛のない「ギュッ」と愛のある「ぎゅーっ」と表したらよいでしょうか。

ここで、親孝行について触れます。どんなひどい親であっても、産んで育ててくれた母親と父親への感謝を当然すべきだというのが親孝行の教えです。でも私は、親がわが子から感謝されたいと思うなら、そうされるように子どもに接するべきだと考えます。そうでない親への感謝を当然のように期待するのは間違っていると思います。

親孝行の思想は、孔子が唱えた儒教の「孝」をもとにして、江戸幕府が採用した儒教の一学派朱子学が強調した考えです。それによりますと、親孝行を受ける価値がないようなひどい親であっても孝行しなければいけないというのです。親孝行しない子どもなど、この世に存在しないという考えです。つまり、親子という上下関係を宇宙の法則のように絶対に正しいと教え、それを守るのを強制する封建社会を成り立たせていた思想でした。江戸時代の朱子学は、人の関係をすべて上下関係ととらえました。そして、下のもの、つまり子どもや妻には、ひたすら上の立場の親と夫への服従を強いる教えなのです。

本来の「孝行」はそうではありません。儒教の創始者孔子は、「孝」とは人と人とのつながりの根本であり、すべての人に対する思いやりと説明しています。約2500年前の封建社会に生きた孔子の時代では親への孝行が第一でしたが、他の家族への孝行も存在していたのです。つまり、子孝行や妻孝行です。親を大切にしながらも、親以外のすべての人に同様の思いやりを持つというのが、本当の「孝」なのです。現在の辞書では、孝行とは「子として親を大切にすること」にならんで、「親に対するのと同じように人を大切に扱うこと。『奥さん孝行』」（大辞泉）と説明されています。こうしてみると、妻孝行と子孝行を担うのが良夫賢父といえるでしょう。

儒教のもう一つの学派の陽明学では、思いやり深い子どもを育てたいと思うならば、親みずからがそれを行わなければならず、不孝の子になるのは、親の言動がよくないからだと、親のあり方をいましめます（長尾、2004年）。

『論語』を深く学び、明治時代に日本最初の銀行を初めとして、500以上の会社を設立して、近代日本の資本主義の基礎を作り上げた大実業家の渋沢栄一さんによれば、「孝行は親がさしてくれて初めて子が出来るもので、子が孝をするのでは無く、親が子に孝をさせるのである」と記しています（渋沢、1928年）。渋沢さんは若いころの体験を紹介して、家業を継がずに家を出て行きたいと申し出た自分を父は許してくれた。もし、無理やり父の思いどおりにしようと孝を強いられたならば、私は父に反抗して不孝な息子になったかもしれない。不孝な子にならずにすんだのは、父が孝を強いらず広い心でもって、私の思う志に向かって進ませてくれたからだ、と回想しています。つまり、渋沢さんのお父さんは、子孝行によって賢父となれたのでした。

最後に、小学5年生の少女が教えてくれる「良い夫妻・賢い父母」を紹介します。ある町のコンクールで発表した作文を平井信義さんが著書や講演で紹介して下さいました。

「私のかあちゃん、バカかあちゃん」

私のかあちゃんはバカです。野菜の煮物をしながら、洗濯物を干しに庭に出たら、煮物が吹きこぼれて、とおちゃんから「オイ、バカ、煮物があふれてるぞ」と言われて、あわてて洗濯物を竿ごと放り出して台所へ駆けこみました。洗濯物は泥だらけです。「バ～カだなあ」と言われて、「ごめんね、とおちゃん、カンベンね」とおどけるかあちゃんです。しかし、かあちゃんを叱るそのとおちゃんも実はバカとおちゃんです。

ある朝、あわてて飛び起きてきて、「ご飯はいらん」と洋服に着替え、カバンを抱えて玄関から走り去りました。するとかあちゃんが、「バ〜カだね。とおちゃん。きょうは日曜日なのにね。また寝ぼけちゃってまあ」。

そういうバカかあちゃんとバカとおちゃんの間に生まれた私が、利口なはずはありません。弟もバカです。家中みんなバカです。

しかし、私は大きくなったら、私のバカかあちゃんのような女性になって、私のバカとおちゃんのような人と結婚し、私と弟のようなバカ兄弟を産んで、家中みんなでアハハ、アハハと明るく笑って暮らしたいと思います。

私の大好きなバカかあちゃん。

お父さんにおどけてあやまり、一家の雰囲気を良くする妻が良妻で、わが子に大好きと言われ、〝かあちゃんのようになりたい〟と思われる母が賢母です。この少女は両親からあるがままの自分を受け入れてもらって、かわいがられて育てられたからこそ、おバカな両親を「今のままのかあちゃんととおちゃんが好き!」と自信を持って宣言できたのです。その一方で、良夫賢父ならば「バカとおちゃん」を認めながら「バカかあちゃん」を受け入れて、娘からは「とおちゃんみたいな人と結婚したい」としたわれて、息子から「とおちゃんみたいな男の人になりたい」と手本にされるでしょう。

たとえ、学力が平均以下の子どもであっても、特別な才能のない子どもも幸せに暮らせる家庭。大学へ行かなくても幸せ。大企業に就職しなくても幸せ。出世やぜいたくな生活とは別のところにある、長所と短所を合わせ持つありのままの家族を受け入れて、共に生きる幸せを分かちあえる家庭を築くのも良妻賢母と良夫賢父ではないでしょうか。

でも、日本の父親たちの中には今でも、仕事をして給料をかせいでくるのは自分だからといばって、家事や育児は価値が低いとバカにしている人がいます。そんな父親の意識を変えさせるために、次のように言い返してやりましょう。

「誰に食べさせてもらってると思ってるんだ！」

「お母さん」

「……」

第4章

傷ついた魂を救うのは、やはり魂です

傷ついた魂の子どもたちを育てるSOS子どもの村　オーストリア一家
（Fred Einkemmer 撮影）

13　苦しみ続けた有名人：まずはマイケル・ジャクソンから

1958年8月29日、3部屋しかない小さな家に、10人兄弟の8番目の子ども（その後、一人の兄が死亡）としてマイケル・ジャクソンは産まれました。子だくさんの貧しい家庭を支えるために、父親はクレーン車の運転手、母親はデパートの店員として働きづめの生活だったのです。若いときにボクサーだった父親は気性が荒く、色んな仕事に失敗した腹いせに、末娘を除く8人の息子と娘をことごとく虐待したのです。ですから、マイケルは産まれたときから、父親の暴力を目のあたりにしていました。また、女ぐせの悪い父親は浮気を重ね、外で子どもまで作ったので、夫婦の仲は険悪になり、離婚寸前までいって、すさんだ家になってしまいました。その一方で、音楽活動をしていた父親が兄たちに音楽を教えてグループを作ったのですが、母親がマイケルの才能を見出して、グループに入れたのです。歌とダンスの才能豊かなマイケルは、リードボーカルとして5歳の時からひたすら働かされました。まともに学校へ行かせてもらえず、昼も夜もレッスンとステージに明け暮れ、夜遅くまでいかがわしい店に出入りしていたマイケルの成育環境はひどいものだったのです。そん

マイケル13歳時のジャクソン一家。左上がマイケルで、両親は下にいます。元ボクサーの父親からの暴力は、マイケルの一生に影を落とし続けてしまいました。(amanaimages)

なマイケルたちの救いは、母親キャサリンでした。マイケルは自伝にこう記しています（マイケル・ジャクソン、１９８８年）。

母キャサリンの優しさ、温かさ、そして心尽くしがあったからこそここまで成長できたのです。母の愛なしで育ったらどうなっていただろうなんて、僕にはまったく、想像もつかないことです。子供について僕が知っていることのひとつは、もし彼らが両親から必要な愛を受けることができないと、誰か他の人から愛を得ようとして、祖父母なり誰なりにしがみついてしまう、ということです。僕らの場合は、母以外の人を探す必要はまるでなかったのですけれどね。

一方、父親は息子たちのグループ「ジャクソン・ファイブ」を毎日毎晩特訓しました。レッスンの時にはムチをもってイスに座ってにらみをきかせ、下手な演奏でもしようものならみんな殴られたのです。ムチやベルトだったときもありました。特に、マイケルが標的でした。

父さんはよく僕を怒らせたり、傷つけたりしたので、それに反抗してさらにもっと殴られるはめになったのです。靴を脱いで父さんに投げつけたこともあるし、拳を振り回して殴り返そうとしたことだってありました。だから僕は、兄さんたちみんなを合わせたぶんよりもたくさん殴られるはめになったわけです。僕がやり返そうとすると、父さんは死ぬほど、引き裂かんばかりにとっちめるのでした。母さんの話では、僕はもっと幼い頃から父さんに歯向かっていたということですが、覚えていません。覚えているのは父さんから逃げようとして、食卓の下を駆けずり回って、ますます怒らせてしまったことです。僕らは不穏な関係にあったわけです。

マイケルは20代の中ごろから何回も整形を繰り返しましたが、鼻を細くする整形については、幼いときに父親がマイケルの顔を見て「なんだ、そのでかい鼻は。俺の家系にはない」とののしった影響だと言われています。また、思春期にニキビがひどくなり、父親から「お前はみにくい」と言われ、マイケルは鏡も見たくなかったと語っています。こうして父親から劣等感を植えつけられたマイケルは、アルバム「スリラー」が世界的に大ヒットしてトップスターとなった26歳のときに、「依然として僕は自分の容姿に自信がもてません」と記しているのです。

後年、父親はマイケルへの虐待を認めています。しかし、最後までマイケルは父親を許さず、忌《い》み嫌い続けたのです。大人になっても、父の顔を見ただけで吐いたり失神してしまうほど、大きなトラウマの原因だったから無理もありません。マイケルの遺言には父親の名前がなく、全財産の40％を3人の子どもたちに、40％を母親に、そして残りの20％を慈善団体に寄付する内容となっていたのです。

マイケルには、公園で遊んだりする子どもらしい生活がないまま、夜中の12時までステージとレッスンを繰り返す日々を送る中で大人になってしまいました。レッスンにいく途中、子どもたちが楽しそうに外で遊んでいる姿を見ては、うらやましく思うマイケルでした。その満たされない思いを31歳になって、ネバーランド（自宅敷地内に建設した、広さ1100ha の遊園地：ざっと3㎞×4㎞四方：建設費39億円）に求めたのです。人間にとって、幼少期の子どもらしい生活がどれほど大切なものなのか、当たり前の幼少期を送れなかったマイケルが富と名声を手にしてから建設したネバーランドの広大さが示しているのです。でも結局、マイケルが奪われた子ども時代は永遠に取り戻せませんでした。

1993年には、グラミー賞受賞という晴れの場で大観衆を前にしたスピーチで、

「僕には少年時代はありませんでした。クリスマスも誕生日もなく、普通の子どもの生活や喜びとはかけ離れたものでした。代わりに僕が経験したのは、酷使、苦しみ、そして痛みでした。やがて僕は成長し成功しました。しかし、僕が払った犠牲はとてつもなく大きいのです」と告白したのです。

二度結婚したマイケルでしたが、二度とも2年で破局を迎えてしまいました。しかし、授かった3人の子どもたちをかわいがる子ぼんのうな父親だったのです。子どもに対する愛情

は世界中に広がっていき、1992年には世界中の不幸な子どもたちのために「ヒール・ザ・ワールド基金」を設立し、世界ツアーの収益金26億円を全額寄付したのです。また、コンサートの合間には、各国の子どもの病棟や施設を訪れ、おもちゃなどのおみやげを直接子どもたちに手渡す活動も続けました。長年慈善活動を続けたマイケルは生涯で300億円以上も募金して、50以上の慈善団体に寄付をしたとギネスブックに記録されています。こうした長年の活動により、ノーベル平和賞候補に2回ノミネートされた事実を私たち日本人はあまり知りませんが、マイケルの人間性を理解する上で欠かせないのです。

少年への性的虐待疑惑で逮捕されたり、様々な奇行に加えて、後年は皮膚病、不眠症、遺伝子疾患に悩まされ、多量の薬物を服用するようになりました。2009年の突然の死は、過剰な薬物投与によると言われているのです。〝キング・オブ・ポップ〟と称された天才の50年で終わった人生は幸せだったのでしょうか、不幸せだったのでしょうか。もし父親のきびしいレッスンがなかったら、トップスターになっていなかったでしょうが……。

次に、子ども時代に両親からきびしく育てられた体験を手記で明かしたタレントの飯島愛さんは、会社社長の厳格な父と良妻賢母の母のもと、息も抜けない家庭の中で育ったのです。手記に書かれた小学生時代の様子を見てみましょう（飯島、2000年）。

父は、小柄な人だった。

「サザエさん」に出てくる波平さんのヒゲをとったら、父になる。波平さんと違うのは、めったに笑ったことがなく、いつも銀縁眼鏡の奥から、私を監視していたことだ。

小学校低学年のときの通知表を見ると、〝内向的〟と書かれている。授業中、手を挙げることもできず、先生に話しかけられても何も答えられない。すぐ、下を向いて縮こまる。先生が耳を私の口に持って行っても、私の消え入りそうな声は聞き取れなかった。「ああしなさい」「こうしなさい」といわれ続け、できないと怒鳴られ続けた私は、親がいない学校では何もできなくなっていたのだ。余計なことをしたら怒られる私は、いつも人の目に怯えていた。

父の躾は厳しかった。

例えば、食事中はお茶わん、箸の持ち方に始まり、テーブルにひじをつくと、容赦なく手が飛んできた。もちろん、食事中にテレビを見せてもらったことなんかない。「今日の夕食は何かな」なんて、楽しい想像をしたことすらない。

この時点では、その後内気なままで大きくなったのか、それとも親に反抗し始めたのかは分かりません。人の将来は予測不能だからです。

愛さんは小学校4年生のときに、親に内緒で友だちと映画をみにいきましたが、子どもだけで街に遊びにいくなど不良のすることだという考えの親に知られて、父から何度も何度も叩かれました。その晩、「絶対、中学生になったら家出する」と心に決めた愛さんでした。

母親の口ぐせは「あなたのためだから」で、小学校から塾、塾が終わると家で気の重い夕食。夕食がすむと「あなたのためだから」と勉強を強いられ、つらい思いばかりの娘には、目をつり上げて「私の育て方は間違っていない」と言い張る母の思いは伝わらなかったのです。母親が求めていたのは、学校の成績がよくて礼儀正しい〝理想の子ども〟だったのですが、「私はけっしてそんな子どもじゃない」と自覚していた愛さんにとって、親と心を通わせられるはずなどありません。でも、まだ小学生です。ひたすら耐え忍ぶ日々が続きます。

それでも愛さんは、中1までは両親に怒られまいと一生懸命勉強しました。その努力が実って、中1の中

自著『プラトニック・セックス』の見本を見せる映画女優の飯島愛さん（台湾・台北）。(AFP＝時事)

間テストや学期末テストでは、学年で10番以内に入ったのです。ある時、苦手な数学で90点の答案用紙を先生から受け取って、「やったー！」と心の中でガッツポーズをするほど嬉しかったそうです。テストを大切に折りたたんでカバンにしまうと、小躍りするように家に帰った愛さんでした。今度こそ、きっとほめてもらえると信じて、「お母さん、聞いて、聞いて。数学で90点とったよ」。しかし母から返ってきたのは、「四問も間違えているじゃない。どうしてできなかったの」だったのです。

精一杯努力したのに、一生懸命がんばったのに、ほめてもらえなかった愛さんは〝努力〟という言葉が大嫌いになってしまいました。がんばったときに、がんばったと認めてもらいたい。ただほめてもらいたい。父に、母に、一言「がんばったね」って言ってもらいたかったのです。

中1の秋に、いつもかわいがってくれて大好きだった祖父が亡くなりました。それまでは、フラフラ遊んでも祖父に悪いと思っていたのですが、その足かせがなくなってしまいました。罪悪感がみるみるなくなり、当たり前のように夜の街に出かけていくようになり、夜の新宿歌舞伎町に出かけるたびに「お前は不良か！」と父のげんこつが飛んできましたが、それでも彼女は歌舞伎町に向かったのです。そのうち家出が始まり、そのたびに家からは捜索願が出て、家に帰るのは警察に捕まったあとでした。

「あんたって子はどうして、どうしてなの？　私の育て方は間違ってないのに、なんでこうなるの？　なんでなの。ねえ、どうしてなの？」
家に連れ戻されると、涙を流しながら母は何度も愛さんのほほを叩くのです。この母にとって叩くのは愛情表現です。愛さんをあきらめてしまうと、叩くことさえなくなりました。
中3のときに母親がつづった日記です。

11月5日
（学校に行かずに）AM11時、起きてきて髪を洗い、出かけようとする。学校を休んだときは、遊びに出かけるのと長電話だけは許したくない。にもかかわらず、止めようとする私に「てめえ、どけっていってるのが、わからねえのかよ！　ぶっ殺すぞ」と机の上に足をのせてゆするようにする。殺されることなど何も怖くない私は「殺したかったら殺しなさい」と答える。本当にこの子が自分の育てた子だと思うと、残念。そうとう悪になっていてもう手が届かない。やはり来るべき時がきたように思う。少年院か施設に入れる時期が来たんだと覚悟する。

もう無理。限界に終わる。明日からは学校にも起こさないつもり。これからはあの子自身が自分の進路、大切な人生の進路を決めるでしょう。堕ちてしまう人生も自分が選んだ道だ。私たち夫婦は三年間戦い、眠れない日を何日も迎え、何とか努力したが、今日、自分の身体に限界を感じた。これから年をとっていくだけに、これからは弟に力を入れ、母としてがんばっていきたいと思う。精神的にも肉体的にも楽をしたいと切に思う。少年院に入るのも、中学を中退するのも、卒業して就職するのもよし。みんな自分で決め、自分の責任でやるべし。

日記はそこで終わっています。

高校に入学したものの、1か月も行っていない16歳の愛さんは、彼とアパートで同棲生活を始めていました。盗んだお金があるから食うには困らないし、毎日遊んで暮らして、どんどん堕ちて行くのが自分でも分かるのですが、それが妙に心地良かったのです。20歳になってからも、淋しさを埋めるために男性の身体を求め続けました。同時に、身体だけでも求められている実感が欲しかったのです。

家出した愛さんは、生まれた町に帰っても、わが家には戻らず近くのお寺に向かい、大好きだった祖父母が眠る墓前に花を供えていたそうです。祖父母は愛さんがかわいくてたまらなかったらしく、愛さんもよくなついていました。愛情を感じて信頼を寄せられたのは、祖父母だけだったのでしょう。親の言うことを聞いて、勉強ができて、いい子になるという条件を満たせなかった愛さんには、両親は愛情を抱けなかったのではないでしょうか。少なくとも、無条件の愛情ではなかったはずです。でも、24歳で母親と向かい合った時に、初めて

「私の育て方が間違っていた」、そして「愛情をちゃんと注いでやれなかったかもしれない」と話す母でした。

18歳でTバックの女王としてデビューして、芸能界で活躍し続けた愛さんでしたが、私生活では厳格な父親とは正反対のだらしない男ばかり選んで、二股をかけられたり、かせいだお金をみつがされ続けました。その一方で、妻子ある男性を本気で好きになりましたが、かなわぬ恋に終わったのです。

病気で芸能界を引退した彼女は、一人暮らしのマンションで孤独死しました。死後、1週間たった2008年12月24日のクリスマス・イブにやっと発見された愛さんは享年《きょうねん》36歳でした。両親に受け入れられず、体罰を受け続けた幼少期に傷つけられた魂のため、愛情飢餓によって狂おしいほど愛を求めながら、最後まで愛を得られず、人を寄せつけない孤独の中で終えた生涯といえましょう。

愛さんの一生は、私たちに何を教えてくれるでしょうか。厳父と良妻賢母はわが子のために良かれと思い、また社長の娘だからと10近くの塾や習い事に行かせて、家でもきびしく育てましたが、親の思いが子どもの愛さんにはまったく伝わらず、愛さんの思いは親に届かなかったというのが、残念ながら事実です。また、小学生時代には「私の育て方は間違っていない」と言い張った母親が、24歳になった娘に対して「私が間違っていた」と謝ったのですから、愛さんの無念を共有して、子どもの人格を無視して子どもの人生を支配するような育

ルワンダ子どもの村のテオジェーヌさん。アフリカ諸国では、おんぶ布を使って家事をこなします。（Fred Einkemmer 撮影）

て方を二度と繰り返さないと、私たちは愛さんの死に誓うべきです。中でも、暴力や暴言は人の魂を深く傷つけてしまい、人を不幸におとしいれますから、教育でもなくしつけでもなく、犯罪なのです。このことを、早く世の親たちに気づいてもらいたくて、愛さんの哀しい生涯を紹介した次第です。

現在でも、望んだ出産ではないとか、難産だったり、子育てで大変な日々を送るなかで、わが子をかわいく思えず、母乳を与えなかったり抱いたりしない、さらには虐待を加える親がいます。あるいは、子どもを支配したり、過保護や過干渉となる場合もあるのです。そうした場合、子どもは傷つき、無力感や満たされない思いを抱いて成長せざるを得ません。現在の日本では、子どもにとって一番身近で一番大切な家庭という生活環境がどんどん悪化しています。悪い生活環境の中で育ったために、心身ともに傷つき、心が育っていない子どもや傷ついたまま大人や親になった人がたくさんいるのが、今日の日本社会なのです。父親の影響も大きいものがあります。マイケルの場合は、仕事に失敗した父親がうさばらしで8人の子どもたちに次々と手を上げましたし、飯島愛さんの父親は社長業のストレスでたまったイライラを愛さんに向けていたのです。

外からみると立派な家庭や問題のない家庭で育っても、天才や秀才であっても、親の愛情を感じられずに、満たされないまま成長した愛情飢餓の人やアダルトチルドレンは後を絶ちません。小学校時代までは問題がなくても、思春期・青年期の男女に現れる症状、つまり摂食障害、リストカット、引きこもり、自殺企図《きと》、アルコール・薬物中毒などの非社会的行動、そして家出、不純異性交遊、非行、犯罪などの反社会的行動として出るのですが、その原因の中には、親の愛情が欠如、不適切、過剰、あるいは子どもに伝わらなかった場合があげられます。その他には、問題行動を示さないけれども、親に人生を支配され内気なまま成長していき、大学進学、就職、結婚も親の言うとおりの人生を歩む中で、自分を見失ってしまう若者もいるのです。

小さい時に、親から大切なものをもらえないと、淋しさを抱えて満たされない心のまま大きくなっていきます。大切なものとは安心感、基本的信頼感、自己肯定感、そして安定した愛着、つまり親から育まれるはずの「三つ子の魂」であって、それを実感できるのは日々の関わりを通してでした。しかし、幼少期に親からもらえたスキンシップは、大きくなったら性行為になってしまいます。何よりも、身体の成熟は止められません。こうして恋愛と性の問題は、幼少期の親子関係に問題を抱えた思春期・青年期の若者たちの人生に大きく影響を与えてしまうのです。
シンガーソングライター柴田淳さんの曲「愛をする人」には、どんなに想っても尽くしても男性から愛してもらえない、一人の女性の切実な心境が歌われていますが、その中に興味深い一節があります。

甘えたくて　甘えてみたくて　あの子みたいに　髪を撫《な》でられたい
必死だったわ　あとどのくらい　いい子になったら　いい子になったら…
求めても求めても　振られてしまう　いつになったなら　満たされるのか
それでもそれでも　諦めきれない　女は欲深い生き物なんです

幼少期の親子関係と青年期の恋愛が重なり合っている歌詞にひきつけられます。甘えさせてほしいし髪をなでてもらいたい。そのためには、どれだけいい子であり続ければいいの……という切実な想い。でも、いくらいい子になっても愛されない、幼子と女性がそこにいるのです。〝失恋ソングの女王〟と呼ばれ、実生活でも恋愛がうまくいかない柴田さんは、「愛をする人」のメイキング・ビデオの中で、このような歌詞を書いた心境を次のように

どんなに美しくても、どんなにいい子になっても、愛が分からないから求めてくれない人ばかり追う。それが、歌姫柴田淳の世界です。（写真提供：ビクターエンタテインメント）

語っています。

愛をテーマに書いてみたんですけど……。とにかく、愛に飢えている人間だと思いました、私が。本当にねえ～、もうねえ～。地位も名誉もお金も、何にもいらないから、一度でいいから、こう、何て言うの、本当に愛されてみたいと、ちょっと思ったりするんですけど……、思ったりするんですけど……。だから、本当、だって私のこと愛せないなら、愛してくれる人を探して下さいって、切実だよね。恥ずかしいなあ～、ちょっとなあ～。

いうまでもなく、3歳までの幼子は一番愛らしい時期であり、それこそ全身全霊でかわいがられよう、愛されようとします。一番美しい妙齢の女性も、全身全霊で愛されようとするのでしょう。かわいい赤ちゃんと若い女性の持つ外見上の特長は、それぞれ親と男性を強くひきつけます。私の記憶の中でも、新妻と乳幼児期のわが子は、それこそ食べてしまいたいほど愛《いと》おしかったものです。

14　不幸な生い立ちの小説の主人公から人生を学びます

世界最古の長編小説と言われている「源氏物語」には、主人公光源氏《ひかるげんじ》の40年にわたる女性遍歴が詳しく描かれています。最初の女性は、源氏が数え年12歳で結婚した葵《あおい》の上（数え年16歳）でした。数え年12歳の源氏は、満年齢では10～11歳の小学校高学年で結婚したことになりますが、平安時代の高貴な身分の家では、このような幼い歳で結婚していたのです。その後の源氏の女性遍歴を分かりやすく表で示してみました（表3）。

「源氏物語」は恋愛物語であると共に、親子の物語なのです。光源氏が数え年3歳の時、母親の桐壺更衣《きりつぼこうい》は、父の桐壺帝からの激しい寵愛《ちょうあい》と館の女性たちのしっとによって病死してしまいました。光源氏の母親は夫の性愛によって死んでしまった女性として描かれています。こうして長編小説「源氏物語」は、いくら身分が高くても、男は女性を幸せにできなかったというエピソードで始まるのです。

幼くして亡くなった母親の面影が、後の源氏の女性遍歴に影を落としました。つまり、母の桐壺更衣が亡くなった後、帝《みかど》は亡き妻にそっくりの女性藤壺と再婚しますが、源氏は亡

表３　光源氏の女性遍歴（年齢は数え年）

源氏の年齢	相手の女性（年齢）	備　考
12歳	葵《あおい》の上（16歳）	最初の正妻
17歳	空蝉《うつせみ》（20代？）	人妻。一度関係
17歳	軒端萩《のきばはぎ》（？）	一度関係
17歳	六条御息所《ろくじょうみやすどころ》（24歳？ 34歳？）	愛人。嫉妬《しっと》で生霊《いきりょう》となる
17歳	夕顔（19歳）	関係を持った翌日に死亡
18歳	義母　藤壷（23歳）	帝の妻。不義の子が冷泉帝
18歳	末摘花《すえつむはな》（同年代？）	一度関係。醜い女性
19歳	源典侍《げんのないしのすけ》（57歳）	一度関係。当時としては老女
20歳	朧月夜《おぼろつきよ》（数年年下？）	一度関係
22歳	紫の上（14歳）	正妻格。藤壷に生き写し
25歳	花散里《はなちるさと》（数年年下？）	妻
27歳	明石の君（18歳）	愛人
40歳	女三の宮（14歳）	二番目の正妻
52歳	女房・中将《ちゅうじょう》の君《きみ》（？）	愛人。召使いの一人

（著者作成）

き母に生き写しの藤壷をしたい、成長するにつれて恋心がつのっていったのです。源氏が12歳で元服《げんぷく》すると、政略結婚のような形で葵の上と結婚させられましたが、彼女には愛情を感じられず、ずっと義母藤壷を理想の女性としてしたい続けたのです。藤壷を求める想いを18歳の時に強引に果たした源氏でしたが、藤壷は義理の息子源氏との間に不義の子を出産してしまい、生涯罪の意識に苦しみながら37歳で病死したのです。そして、幼い時から世話をして妻にした紫の上も藤壺そっくりの女性でした。ですから、光源氏は3歳の時に死んだ母親の面影がある女性を追い続けた生涯だったともいえましょう。また、源氏と関係を持った女性の多くは不幸になり、若くして死んだり出家しています。その際、源氏は女性たちに強引に関係をせまり、彼女たちの多くは愛のない性行為を強いられました。こうして、光源氏は女性を幸せにしなかった男性として描かれているのです。源氏は皇室という最高の家柄の息子、美男子で才能に恵まれているのですが、その半面、マザコンで女性の都合など考えない自分勝手なプレイボーイでもあったのです。しかも、56歳で亡くなった源氏の人生は幸福ではありませんでした。

「源氏物語」の最後に登場する女性浮舟も不幸な境遇でした。皇族の父親と召使いの母親の間に生まれた浮舟は、母と共に父親から捨てられ、継父からも遠ざけられ、母親には人生を支配されて、自分の意思を持てないまま20歳になったのです。

「この子だけは幸せに」という言葉の裏で、母に人生を乗っ取られてきた浮舟は、適齢期になって、母の言うままに男を迎え入れました。美しく育った浮舟でしたが、言い寄ってきた男たちからは、「これは大切にしなくていい女だ」ともてあそばれたのでした。浮舟は源氏の息子薫と孫匂宮《におうのみや》の二人の貴公子に関係を強いられて、三角関係に悩んだ果てに、宇治川に身を投げて自殺を図ったのです。しかし、死に切れず比叡山《ひえいざん》の僧に救われた浮舟は自らの過ちを恥じ、男たちから逃れるために尼となり、世を捨てたところで長編小説は終わっています。

浮舟が生まれて初めて意思を通したのが出家の道でした。それまでの、母親の言うがままの半生、男たちにほんろうされた人生を捨てて、家族を持たずに一人で生きる道を選んだのです。そして、幸福も不幸も前世で決まっているという宿命思想が色濃い平安時代にあって、不幸は親のせいではなく自分のせいなのだと気づくのです。

「源氏物語」を新たに訳した大塚ひかりさんは、著書の「おわりに」で次のように記しています（大塚、１９９７年）。

「源氏物語」は子供が親にいかに支配されるか、を描きながら、最後の最後で、子供の不幸を親のせいにはしなかった。この不幸な感じ、満たされない感じが、ほかの誰のせいでもなく、自分のせいだと思えたら、どんな育ち方をしても、どんなに心が楽になるか。それは、どんな親のもとに生まれついても、自分で自分の不幸や幸福感を、コントロールできるということなのだから。自分の力で幸せはつかめる。たとえつかめないのが現実にしても、「源氏物語」の底には、こういう自分を信じようとする、愛そうとする気持ちがある。

不幸な気持ちが誰のせいでもなく自分の心次第ということは、幸福も自分でつかめるという希望を抱かせます。こうして源氏物語は、多くの男女が織り成す様々な人生物語の末に、ほのかな希望を感じさせる大作として幕を閉じたのです（大塚、1997年）。「源氏物語」が千年もの間、読み継がれているのは、時代を超える生命力を持った、人間性の真実が描かれているからです。

次に、世界の児童文学には、幼いときに親が亡くなって孤児院に入れられたり、虐待されて育った主人公の子どもたちが登場します（表4）。

そして、親がいなくても、親から愛されなくても、大人たちや友だちとの関わりの中で、たくましく育っていく主人公が描かれています。その中から、産まれたときから親の愛情をもらえず、ゆがんだ心で育った二人の少年少女が、「秘密の花園」を通して生きる力を取り戻す物語から、魂の再生を見てみましょう（バーネット、1909年）。

イギリス人の少女メアリは、当時イギリスの植民地だったインドに赴任していた軍人の父と美しい母のもとに産まれましたが、父はいつも忙しく不在がちで、母はわが子を世話する気などなく、パーティに出かけて着飾った人たちと楽しい時間を過ごすことしか関心のない人でした。子どもなど欲しいと思わなかった母親は、メアリを乳母にまかせっきりで、自分で育てようとはしませんでしたが、こうした様子は当時の上流階級のイギリス人家庭では普通だったのです。

そんな中でメアリは、病気がちで不機嫌でかわいくない子どもに育ち、いっそう母親から

表4　児童文学の不幸な主人公たち

主人公（年齢）（国名）	生い立ち
アルプスの少女・ハイジ（5歳）（スイス）	1歳のとき、父が事故で亡くなり、母はショックで病死した。おばさんに育てられたが、5歳からおじいさんと暮らす。
ハリー・ポッター（11歳）（イギリス）	1歳のとき、父の敵（魔法界）に両親を殺される。おばさん一家と同居し、虐待されながら育った。
赤毛のアン（11歳）（カナダ）	生後3か月の時、両親が熱病で相次いで亡くなる。 お手伝いのおばさんに育てられたが、子守をさせられ、孤児院に入れられる。
トム・ソーヤー（10歳）（アメリカ）	両親を早くに亡くし、おばさんに育てられ、いたずら坊主に成長した。
家なき子・レミ（10歳）（フランス）	乳児の時に、家から盗まれて捨てられた。夫婦に拾われて育ったが、養父が人にレミを売り渡した。その後、旅芸人の老人と各地を旅して歩く。
長くつ下のピッピ（9歳）（スウェーデン）	母親はピッピが乳児の時に死亡。父親は海賊で、ピッピと船に乗っていたが、嵐で父親が行方不明となり、今は家に一人で住んでいる。
オリバー・ツイスト（9歳）（イギリス）	母は、保護された福祉施設でオリバーを産み落として死亡。父親は分からない。孤児院で育ったオリバーは9歳の時に、孤児院を抜け出して逃亡した。
もののけ姫・サン（15歳）（日本）	乳児の時に、犬神へのいけにえとして親に捨てられる。 山犬の神モロ一族に育てられ、山の自然を破壊する人間を憎む少女として成長した。
秘密の花園・メアリ（9歳）コリン（10歳）（イギリス）	メアリとコリンは、乳児の頃から両親の愛情を受けることなく使用人に育てられ、歪んだ心と不健康な身体を持つ少女と少年になった。

嫌われて、遠ざけられたのです。母にも父にも愛されないまま成長したメアリが9歳のときに、両親は伝染病のコレラであっけなく死んでしまい、一人残されたメアリはイギリスのおじクレイヴン氏のもとに送られました。かわいそうに思った人たちがやさしく接しても、メアリは顔をそむけ、触られると石のように固まってばかりだったのです。

古い大きなおじのお屋敷に住むようになったメアリは、使用人の誰にも心を開きませんでした。それどころか、「わたしのことを好きな人なんか、だれもいないもの」と声を荒げ、自分を好きかとたずねられると、「ぜんぜん。ぜんぜん好きじゃない。でも、そんなの考えたことなかった」と自分を否定してばかりの子どもだったのです。

しかし、広い庭の一角に隠された「秘密の花園」を知り、そこに咲く草花を眺めて小鳥や小動物と触れあううちに、徐々にメアリの心が開かれていき、活力も出てきました。そして、田舎育ちの自然児ディコンから生き物を教えてもらい、二人で荒れ果てた「秘密の花園」を手入れしていったのです。屋敷の主クレイヴン氏が愛した妻が大好きだった花園。しかし妻は男の子コリンを産んで間もなく、花園の中で木の枝の落下事故で死んでしまったのでした。それ以来、クレイヴン氏は花園を閉め切ってしまい、二度と足を踏み入れなかったのです。

その屋敷の閉ざされた一室には、10歳になる男の子コリンが暮らしていました。愛する妻を失った父親はショックのあまり屋敷を離れて、コリンの世話を使用人にまかせっきりだったのです。生まれつき病弱なコリンはベッドからほとんど出ずに、歩くことさえできずに自室で日々過ごしていました。その一方で、すべて自分の気に入るように使用人をこき使い、小さな暴君として成長したコリンは、狂暴でヒステリー症の狂人になっていたのです。

コリンはメアリと同じく、両親に愛された記憶のない子どもでした。10年の間、父親のクレイヴン氏は息子の存在を忘れようとばかりしてきました。愛する妻が死んで、息子だけが生き残ったのをうらんで、荒れ狂う暗黒の日々を送る父は、息子の姿を見ることさえ拒んだのでした。

ある時、部屋の中のコリンを見つけたメアリは、コリンを元気にするために、ディコンと二人で「秘密の花園」に連れだしました。初めてこの庭を見たときのディコンやメアリと同じように、車いすのコリンは何度も何度も庭を見まわしたのです。

頭の上では木々の枝がピンクや純白の花びらをまとい、翼のはばたく音、かわいらしいかすかな鳴き声、ミツバチの羽音、そして、香り……春の香りが充ち満ちている。暖かい日の光が慈愛あふれる手のようにコリンの顔を包んだ。メアリとディコンは不思議な感動の中に立ちつくし、コリンを見つめていた。象牙のように蒼白《そうはく》だった顔に、首すじに、両手に、全身に、ほんのりとピンク色の輝きがさして、見なれたコリンとは別の少年がそこにいるようだった。

「ぼくは元気になる！　ぼくは元気になるぞ！」コリンは声をあげた。「メアリ！

ディコン！　ぼくは元気になる！　そして、いつまでもいつまでもずっとずっと生きるんだ！」。

それからしばらくして、久し振りにわが家に戻った父親は、屋敷の雰囲気が変わっているのに気づき、息子が死にかけていると思い込み、「もしかしたら、10年のあいだ、わたしはとんでもない誤りをおかしていたのかもしれない」とつぶやくのでした。

車いすを押すディコンは、子だくさんで貧しい家庭に育ち、外で遊んでばかりですが、三人の中では一番幸せで、メアリとコリンに素敵な世界を教えていったのです。（『秘密の花園』DVD　￥1,429＋税　ワーナー・ホーム・ビデオ）

長年足を踏み入れなかった「秘密の花園」に近づいた父親は、中から全速力で突進してきた少年とぶつかりそうになりました。背が高く顔立ちが整った少年。全身から生気を放ち、健康的な顔色のその少年はコリンだったのです。

こうして、傷ついた二つの魂が花園の草木と動物に

暴力家庭で育った、この４人の子どもたちが、SOS 子どもの村フランスのゴファールさんの家に来たときは、「野生動物の群れの中にいるような感じがしました」と語っています。でも、その後、家族となったのです。

いやされて生気を取り戻していく物語は淡々と進み、子どもたちの不幸に同情するような文章ではありません。訳者の土屋京子さんは、この物語から教わるのは「不幸なんて、どこにでもあること。誰の人生にもあること。でも、人間はそんなことでつぶれるほど弱くない。人間には不幸や逆境を乗り越えて進んでいく力があるのです」と記しています。

子どもが力を得るには子どもが必要で、支配もしないし従いもしない、対等な関係が人間としての成長には欠かせないのです。しかしそのためには、友だちディコンとの幸運な出会いが必要でした。「事実は小説よりも奇なり」といいます。現実世界では小説よりもすばらしい出会いがあると、読者に希望を持たせるのも小説の大切な役割です。

15　かけがえのない人の支えが魂を救うのです

飯島愛さんのように、親から間違った育て方をされてきた女性はたくさんいます。そんな女性たちの代表者が愛さんなのです。２００９年に放映された愛さんの追悼《ついとう》番組の中で美輪明宏さんは「愛ちゃんは、愛ちゃん一人ではないんです。あれが、今の多くの女性の姿なんです」と語っています。彼女の36年の生涯は、芸名とは裏腹に愛に恵まれませんでした。だから、「親に愛されなかった子どもは、大きくなって自分も人も愛せない」と言われます。でも、親に愛されなかった子どもたち全員に当てはまるのでしょうか？　親に愛されなかったため、切実に愛を求めてさまよう男女は無数にいて、その中には成長してからの恋愛関係で愛を育んだ人も少なくありません。飯島愛さんにもよい出会いがあれば、一人の男性との愛情を育てられたかもしれません。

ここで、私に手記を送ってくれた29歳女性の半生を紹介します。彼女は幼少期から親のひどい暴力と暴言を受け続け、両親から愛された実感を全く持てないまま、深く傷つきながら成長した被虐待児です。

幼い頃から、何をやらせてもダメな子、と親に言われて育ってきた。殴る蹴《け》るは当たり前。父親は、「何でテメエみたいなやつに飯食わすために俺が働かないといけないんだ!! お前なんか生きてる価値なんかない！　さっさと死んでしまえ！」と、よく私に怒鳴り手を上げた。理由は非常に些細《ささい》なことばかりだった。成績が悪いから、家の手伝いが上手に出来ないから、等々。親の言うことを一回で理解出来なければ叩く、蹴る、罵《ののし》る、を貫き通すと徹底しているようだった。実際彼はそう宣言していた。そして、常にこうも言っていた。「うちは、どこよりも家庭教育がしっかり行き届いている家だ。子供をきちんと叱れる家だ。子どもは褒《ほ》めたらダメになる」。

家族で食事をとるのが本当に苦痛なことが多かった。出来れば一人で食べたいと願うこともしばしばだった。

幼稚園の時は、箸の持ち方の特訓と称し、難しくてなかなかうまく持てないでいると、「何回同じことを言わせるんだ！」と、椅子から突き落とされたり、髪を引っ張られたり、後頭部を大きな手で後ろからテーブルに叩きつけられ血が出たこともあった。言うまでもないがビンタもくらった。

食べるのが遅いといって、制限時間を決められたりすることもあった。父親の決めた時間内に食べ終わらなければ外に放り出されることも一度や二度の話ではなかった。嫌いな食べ物が出てきた場合は、もうその食事は初《しょ》っ端《ぱな》から、幼い私には命がけのものとなった。

嫌いなおかずが出た時は、どうしても食べきれそうにない食事を目の前にして絶望感を抱いた。まずいおかず。母親は料理が上手ではないのに、その上おかず以前に食材そのものが嫌いだったらもうどうしようもない。しかも「食べきれなかったらまた外に出される…」という精神的な重圧で、尚更《なおさら》食事は進まない。しまいには、父親が時計を見ながらカウントダウンをし始める始末。

「もう許さんぞ！　10、9、8、7…」

父親のカウントダウンの声が聞こえると、もうどうあがいても食べきれない自分のおかずを前に、私はいつも、もうおしまいだと思い、泣きだした。無理なものは無理だ。そして、カウントダウンを終えると父親は私を椅子から引きずりおろし、「いやだいやだ、許して、ごめんなさい。いやだいやだ、お外いやだー!!」と泣き叫ぶ私を、「出ていけ！　出ていけ！」と足蹴《あしげ》にしながら外へ放り出し、玄関の鍵をかけてしまうのがお決まりのパターンだった。

もしくは、放り出された後、物置代わりに借りていた隣の部屋に閉じ込められたりもした。真っ暗だし、ひとりぼっちで怖かった。電気のスイッチにも4歳やそこらでは手が届かない。閉じ込められながら泣き続け、トイレにも行きたくなってきたが、真っ暗な中でどうしたらいいか分からないし、気が動転している私は我慢しきれず、ついに閉じ込められた部屋の入り口でおしっこを漏らしてしまったこともあった。言うまでもなく、様子を見に来た母親に「何で漏らしたの！」と怒られた。

また、夕食時にはこういうこともあった。嫌いな食べ物は「残すことは許さない」と、まだ4、5歳の私を日付が変わるような時刻までテーブルに放置し、両親はさっさと風呂に入り、先に寝てしまうこともしばしばあった。ひとりぼっちテーブルに残されて、苦手だった魚やニンジン、レバーなどと格闘していた。おかずは冷めてしまい、余計にまずくなり、おまけに猛烈な眠気に襲われる。「だめだめ、寝たらだめ、食べきってお皿洗わないと、またお父さんに怒られる…」。時間はどんどん過ぎてゆく。焦燥感《しょうそうかん》に駆られる。気がつくと、時計は長い針が11、短い針は3のところに来ていたりもした。当時、私は幼くて時計がまだ読めなかった。しかし、その時計の針の位置を見て、非常に衝撃を受けたことをはっきり今でも記憶している。

「おやつの時間と同じ時間だ！　夜なのに?!」。まずいおかずをつつきながら、時刻は午前3時を迎えようとしていた。隣の寝室から両親の寝息が聞こえる。その年齢で時計の読み方や意味を理解出来るわけがない。一日は24時間あって、時計の短い針がそれだけの時間をかけて2周することも全く知らなかった。だから、この時のことを例に言うと、私は「3時」という時刻は、一日に午前と午後の計2回やってくるということを知らなかったために非常に驚いたのだ。午前3時といえば、その当時の私を含め、大概の人間ならば就寝中で、時計を見ることは殆どないはずだ。夜にも、「3時」という時刻があるのを生まれて初めて知った瞬間だった。

3時を少し過ぎたところで、やっと長かった「夕食」を食べ終え、私は自分が座っていた椅子を小さな体で懸命に引っ張り、お皿をシンクに持っていった。そして、魚の骨を三角コーナーに捨て、なるべく音を立てないように慎重に慎重にお皿を洗った。

そのあと椅子を戻し、風呂に一人で入った。眠い。とにかく眠い。風呂から上がり布団に入る。長い一日がようやく終わった。

そういう仕打ちが日々続きました。中学生の時には、親が望む成績が取れなかったために父親から、「テメエみたいな奴、生きてる価値なんかない！　さっさと死んでしまえ！」と散々ののしられたのです。そのため、大学へ進学してからは、重いうつ病でつらい学生生活を送るなかで、中高生時代に耐えたりせずに死んでしまえばよかった、とさえ思うようになりました。

……やっぱり私には生きている価値など最初からなかったんだ。

「テメエみたいな奴、生きてる価値なんかない！　さっさと死んでしまえ！」

目の前に誰もいないはずなのに、あの言葉がまた聞こえてくる気がする。消えていくどころか、歳を取れば取るほどはっきりと甦《よみがえ》り、私の脳を侵し続ける、あの言葉。

「テメエみたいな奴、生きてる価値なんかない！　さっさと死んでしまえ！」

……なら、生んでほしくなかった。殺してくれたらよかったのに。もう殺して私を！

今すぐに殺して……！


振り返ってみると、家の手伝いも勉強もできない子どもで、友人らしい友人もいなかったのです。だから、こんな自分を両親が嫌うのも当たり前。小さな頃から殴られて怒られてばかりで、親に遊んでもらった経験もないし、家族旅行が一度もなかったのも当然なんだ、と自分を納得させてきたのです。彼女の両親は、自分たちの思う通りにできない子どもを受け入れないし大切にしなかったのです。大学に入ってからも親との関係は変わらず、悲惨な20年の人生が積み重なっていき、

「嫌だ！　嫌だ！　嫌だ！　生きていたくない。私なんか消えてしまえばいいのに。そもそも何で私は生まれてしまったのだろう。本当は望まれて生まれた子どもではなかったのかもしれない……」というのが、当時の彼女の心境だったのです。


母親はいつも、父親に叩かれたり蹴られたり罵《ののし》られたりするたびに、こう言ってい

た。

「あんたにいい子になってほしいから、お父さんはああいうふうにするのよ」。

まだ幼い私にとって、一番身近な大人である両親は、世の大人の代表みたいなもので、絶対的な存在であった。でも私に限らず、幼い子どもならば、みな無条件に親をそう見ているのではないだろうか。たとえ、それがどんなにひどい親であったとしても。これは、おそらくいつの時代であっても変わることのない、正常なヒトの子どもの心理であるような気がする。

母親に、なぜ自分を産んだのかと聞いてみました。そうしたら、「結婚して、子どもをもうけるのが当たり前。人の人生はそういうもんだと思ってたから、子どもはかわいいとか欲しいとかで産んだわけではない」という答えが返ってきたのです。赤ちゃんの頃の写真を見直しても、親子とも嬉しそうな表情をしていないのを確かめた彼女は、「親から愛された記憶が見つからなかったんでしょうね、いま思えば……。自分が愛されなかったことに29歳まで気づけなかったんだから最悪です」と淋しく語るのです。両親が家庭教育やしつけの名のもとに暴力と暴言をふるうばかりで、彼女を大切にせず、かわいがることもなく、健全な「三つ子の魂」を育てなかった結果、彼女の半生は大きな苦しみと悲しみに満ちてしまいました。

では、29歳でどうして気づいたのでしょうか？　それは彼氏の存在です。約10年間、彼から無償の愛を注がれてきて、やっと愛を知ると共に、親から愛されていなかった事実に気づけたのです。

彼との出会いはドラマチックでした。それこそ、「事実は小説よりも奇なり」の実例です。大学の入学式から数日後、彼女はキャンパスで新入生にサークル活動を勧誘していた一人の男子学生からチラシをもらったのです。その人は、だいぶ遠くにいたにもかかわらず、彼女と目が合った途端、いきなり真っ直ぐ彼女に向かって歩いてきて、チラシを差し出しました。

私にチラシを手渡した人物。彼が今後の私の人生に何らかの大きな影響を与えるであろうことを、そして何らかの形で、彼とはこれから先、非常に長い付き合いになるであろうことを、私はチラシを受け取ったその瞬間に直感したのである。まだお互いの名前すら知らない、その時に。

彼が勧誘したサークルに入って楽しい学生生活が始まりましたが、数か月後には家の事情でサークルを辞めざるをえなくなり、バイトをしているうちに体調がどんどん悪くなっていった彼女でしたが、彼はいつも支えてくれました。彼女を産み育てた両親が20年間全く理解してくれなかったのに、知り合って1年も経っていない彼が、彼女を理解して支えてくれたという事実に不思議な気持ちになったそうです。こうして彼は、唯一頼れる人になりました。

でも、ひどいうつ病になり、大学の授業もまともに受けられなくなり、アパートに引きこもり、睡眠薬と抗うつ剤を飲みながらリストカットを繰り返し、自殺を図る彼女は彼との付き合いがつらくなる一方だったのです。

私は彼と別れようと思った。別れるべきだと思った。彼には、もっと聡明で、あらゆることに有能で、心身共に健やかで容姿もよい女性が相応《ふさわ》しい。そんな女性は彼の周りにはいくらでもいる。彼には早く素敵な女性を見つけてほしい。そして、将来はそんな女性と幸せになってほしい。私の腐り切った人生に彼を巻き込みたくない、と彼に話したら怒られてしまった。

「俺は無能な女性を好きになったおぼえはない！　お前が自分で勝手にそう思っているだけだ。全ては病気の仕業。お前のせいじゃない。俺はお前と別れるつもりはないからな。それに、一人で耐える必要ないだろ？　病気のことは、お前一人の問題じゃなくて俺の問題でもある。お前と一緒に治していきたい。もっと俺に甘えろ!!」

さっさと別れてくれた方が楽だった。私に注がれる、彼の優しさや思いやりを信じるのが怖かった。

私が何度も何度も死にたいと言った時、そして私がリストカットをしていたのがバレてしまった時、彼は涙を流しながら、私の目を真っ直ぐに見て、はっきりと言葉と態度で示してくれた。

「俺はお前のことが好きなんだ、大切なんだ。お前がいなくなるなんて考えたくない！　生きていてくれるだけでいい、それだけでいい」

そう言って、ボロボロ泣きながら、虚ろな私を力一杯抱きしめてくれた。普通の女なら、抱きしめられて、ここで嬉しくて涙するのだろうか。しかし、私は泣けなかった。

親から愛を育んでもらえなかったから、愛というものが分からない彼女は、彼の愛情を受け入れられずに長い年月が経ってしまいました。それでも二人は遠距離恋愛を乗り越えて、8年以上の交際を経て結婚したのです。自分が親から愛されていなかったのに気づけたのは、結婚後の29歳になってからです。その間、彼の無償の愛を受け入れられませんでした。何と親の影響というものは強く、傷ついた「三つ子の魂」は変わらないのでしょう。

彼女の人生物語を知った私は、改めて人の運命について考えるようになりました。そして、「親に愛されなかった子どもは、大人になっても人を愛したり愛されたりできない」という俗説は間違いだと自信を持って否定できるのです。人生物語は偶然の出会いと、それを必然にする本人の意思によって書き換えられます。不幸な生い立ちだったからといって、不幸な人生がずっと続くわけではありません。親以外のかけがえのない人との出会いが人の人生を大きく変えていきます。人生は常に移り変わります。だから、常なるものは無し、つまり「無常」なのです。

私は生きている価値の全くない人間。こんな私を大切に思ってくれる人など絶対にいるわけがない。どこをどう探したっているわけがない。私は自分が大嫌い。他の人だってみんな私を嫌いに決まっている。自分以外の人間は、みんな敵だ。私は今までの人生の大半を、そう思いながら生きてきた。しかし、私に愛を与えてくれる人はちゃんといた。それに、ようやく最近気付くことが出来たのである。

それにしても、彼の愛情の深さと忍耐力には驚かされます。男というものは一人の女性をこれほど一途《いちず》に愛せるものかと。そして、彼が生涯の間に愛する女性は彼女一人だけだろうな、とも思います。だって、すごいエネルギーを使ってしまったのですから。

その後、彼女からメールが届きました。

ありのまま愛される経験をしても、愛されていることに本人が気づけなければ意味はないです。その愛され方が適切かどうか、自分で分からなければ意味はないです。

夫の愛は間違いなく適切な愛で、それを信じている私も間違いないと思います。なぜなら今、私はとても穏やかに過ごせているからです。

彼女はスラリとした長身で、肌の白い素敵な女性です。また、感性が鋭く聡明で、記憶力が抜群です。さらに、音楽の才能に恵まれている人なのです。その一方で、両親からことごとく否定されて、自己肯定感を抱けず自信が持てなくて、愛情を知らないまま成長してきて、心から人を信頼できないという典型的人物です。

しかし、彼の愛情を知った彼女は、親の育て方がいかに間違っていたかに気づき、親から愛をもらえなかった事実を受け入れて、生きづらさを抱えつつ、精神科での治療を続けながらも、職場の人たちにかわいがられて、彼と共に新たな人生を歩んでいます。

次に、速水滉一《こういち》さん（仮名）は、4歳のときに両親が離婚し、母親に引き取られましたが、再婚相手の義父に嫌われて、ひどい身体的虐待を長期間受け続けました。義父からの虐待によって殺されかけたので、11歳で施設に保護されましたが、そこでもひどい暴力が待っていました。高校に進学したものの1年で中退し、その後は非行や覚醒剤へと堕ちていったのでした。暴力団にも入って、青年期のほとんどは鑑別所、少年院、刑務所で過ごす日々でした。20代半ばになって更生へと向かいはじめ、暴力団から足を洗い、覚醒剤も断ち切ったのです。そして、30代になって出会った女性美月《みづき》さんによって、愛する愛される悦びを知り、急速に心の修復が進行していきました。速水さんはこう語っています（金子、２００４年）。

　虐待、いじめ、不良少年、恐喝、ヤクザ、薬物。人から嫌われる、陰という部分を経験した私には、幸せを人から与えてもらえる資格があるのだと真剣に信じていた。しかし、そんな幸せはいっこうに与えられなかった。当たり前である。幸せになる努力をしたことがないのだから。でも、二年前絶対に受け入れてはくれないと思っていた女性と付き合うようになり、私の心も大分変わってきたように思う。人から支えられる喜びを私はこの女性から教わった。

　あの頃の私には現実感がまったく持てなかった。大人を憎み、壊れた心を癒す方法ばかりを探していた。そして薬物へと逃げた。自然、ヤクザの世界にも足を踏み入れた。薬物を手に入れるのに一番近いところだったから。そして薬物による犯罪を繰り返し、薬物から手を切ったのは二十代後半だった。「なんで？　すぐやめれば良かったのに」とよく人は言うけれど、これればかりはやった者しかわからない。そして、一般の会社になど入れる訳もなく、アングラ的な夜の商売へと身を投じた。この時自分で決めたことが一つある。それは薬物には手を出さないこと。これだけは今でも守れている。

　そんな、そんな私が、人を支えられるような人間になりたいと思ったのである。切っかけはその女性と入籍したことと、新聞や本で同じような少年が犯罪を繰り返すのを知ったことだった。もう、私と同じつまらない人生を送る人を作り出したくない。人に愛されたり、愛することって、こんなに素敵なんだよって、私が彼女から教えられたように、誰か一人でも教えたくて、本を書いてみた。すべてをさらけだすことは今だにできていない。でもいつか必ず、彼女のために、そして私を支えてくれた友達や両親や先輩のために、なによりも自分のために、人に認めてもらえるように努力したいと思っている。

何度もくじけそうになったとき、手を差しのべ、笑って励ましてくれた妻に感謝を込めて。

速水さんを決定的に変えたのは妻でした。彼が人並みの生活をできるようになったのは、速水さんの過去を知ってもなお、速水さんのすべてを受け入れた美月さんの愛情でした。彼女と結婚したい、家庭を持ちたいと心に決めたとき、速水さんははじめて自分の過去を彼女に打ち明けました。それに応えて、「自分も子どもの頃同じ体験をしていたら、同じように犯罪を繰り返したと思う」と返された美月さんの言葉を素直に聞けたと速水さんは語っています。

最後に紹介するのは、67歳の女性山田さんです（フリード、1992年）。山田さんが暮らす老人ホームでは最年少で、60歳のときに入所しました。その若さで老人ホームに暮らすようになったのには訳があります。障害者の山田さんは長い間入院していましたが、40歳のときから歩けなくなり、車いす生活だったのです。

山田さんは母親の結核がうつって脊髄障害となってしまい、小さいときから体が不自由な弱い子どもでした。母親はずっと病弱で、山田さんが3歳のときに結核で亡くなりました。覚えているのは、母親の病床のそばでアメやお菓子を食べたことです。母親の死後は姉たちに育てられましたが、病弱で医者通いばかりで、学校には行かせてもらえず、ごく当たり前の子ども時代を送れなかったのです。

「私はぜんぜん、学校に行ったことがないんです。勉強らしい勉強はしたことがありません。姉にちょっと教えてもらったくらいで、本もほとんど読みませんでした」

さらに、一家の大黒柱の父親も、山田さんが10歳のときに病気で亡くなってしまいました。姉たちは大人になるまでは面倒を見てくれましたが、やはり邪魔なお荷物だったのです。姉たちは障害者の山田さんを世間から隠そうとしましたし、親せき中からも拒否されてばかりだったのです。そうして、山田さんの60年の人生は、障害、病気、繰り返す入院、孤立、そして家族から拒否され見捨てられた出来事ばかりで、その末の老人ホーム入所だったのです。そんな人生を送った山田さんは、ホームの職員にとって非常に難しい患者で、自己主張が強く命令的で、高圧的な態度で職員に当たってきました。それらの行為の理由としては、山田さんが幼いときから体験してきたつらさや悲しみを、今になって敵意として職員にぶつけていると思われます。

しかし、他人ばかりの老人ホームであっても、障害をもつ自分をあたたかく受け入れてくれて、本当の家族にやっと出会えた思いでした。ホームでは85歳の女性が一番の仲良しで、まるで母親のように、ありのままの山田さんを受け入れてくれました。実の父母は幼いときに死んでしまい、血のつながった家族との温かい生活にはまったく縁のなかった山田さんでしたが、60歳で老人ホームにきてはじめて、血のつながらない人たちと安定した人間関係を築けて、生き生きと生活しています。その他にも、80歳90歳のお友だちを得て、人生の楽しみを見つけ、生け花、賛美歌のコーラス、粘土細工、遠足などの老人ホームの活動にも積極的に参加しているのです。

このように、60歳で出会ったホームの人たちが山田さんの家族です。幼いときの「三つ子の魂」と60年に及ぶつらく悲しい過去は変えられませんが、それからの山田さんの魂は、新たな家族との生活の中で回復しつつあるのです。

16　あらためて「三つ子の魂百まで」を知るために

第1章では、「三つ子の魂」を「胎児の時から1、2歳までの間に育ち、その後の人生に影響を与え続ける、大切な心の基盤」と説明しました。そして、人の生涯にわたって影響を与えるから「百まで」なのです。その上で、「三つ子の魂」を構成するのは、安心感、基本的信頼感、自己肯定感、そして安定した愛着という私の考えを紹介しました。「三つ子の魂」を育てるのは主に親です。産まれる前から胎児が安心するように心がけて、出産後は授乳、授抱、そしてコミュニケーションを通してわが子を育てる中で、幼子は愛されて、信頼を寄せて、安心してこの世で生きていけるのです。また、親から離れたところで一人遊びをしたり、幼児期からは友だちと過ごして、好奇心や自主性、忍耐や自己コントロールといった「六つ子の魂」も育つのです。

そして、離乳と離抱の時期をすぎて、親から離れて生活できるようになった後も、離れていても守ってくれて、何かあったら助けてもらえるという信頼感を抱いて、自信を持って世の中に歩んでいきます。その際、人間に対する信頼感があるからこそ、幼児期以降に新たに出会う友だち関係、思春期・青年期の恋愛関係を経て、結婚してわが子を産み育てて、次の世代へと受け継ぎます。それに並行して行われているのが学校での勉強で、将来に向けて知識と技術の学習に励み、世の中に役立つ社会人へと成長して、家庭を築く上で欠かせない収入の道を確保して、仕事を通して自己実現へと向かうのです。

しかしながら、乳幼児期に親から大切にされず、適切に育ててもらえなかった人の中には「三つ子の魂」が健全に育たずに、毎日不安を抱き、人を信頼できず、親とは不安定な愛着しか結べず、自分を否定するばかりの自信のない日々を送っています。でも、その子たちはそういう家庭で成長するしかなかったのです。親は自分が正しいと主張しますから、子どもは自分が悪いと思い込んでしまいます。親を変えることもできません。

また「三つ子の魂」は、学力とは関係ありませんから、傷ついた不健全な魂の持ち主であっても一流大学に進学できるし、社会的地位の高い仕事につき、結婚して家庭を築いて、親として生きられます。ただその間、淋しさ、満たされない思い、得体の知れない怒りに苦しんで、生きづらい日々を送っているのです。あるいは、拒食症、うつ病、ノイローゼ、アルコール・薬物中毒などの精神病理として現れたり、いじめ、DV、体罰、虐待、非行・犯罪などの暴力として、さらには親として、わが子を虐待したり、過干渉や溺愛によって子どもの人生を破壊したり、支配してしまうのです。そして、これらの問題行動は、自分を大切にできないし他人も大切にできない、という心の奥底から生じていて、人の人生に悪影響を

ベトナム子どもの村のドさん一家。長年、多くの子どもを育ててきて、今では社会人や家庭人となったかつての子どもたちが、「孫」を連れて里帰りするのです。（Fred Einkemmer 撮影）

与え続けるのです。

多くの人物の生い立ちを調べてみると、天才や秀才といわれる人の中にも、傷ついた魂の持ち主がたくさんいます。たとえば、小説家の夏目漱石や陶芸家・美食家の北大路《きたおおじ》魯山《ろさん》人《じん》がそうです。また、どんなに才能や容姿に恵まれていても、健全に育っていない魂がいかに悩み苦しんできたかをマイケル・ジャクソンと飯島愛の短い生涯で紹介しました。その一方で、幼いときに健全な「三つ子の魂」を育ててもらえなかった人たちであっても、その後の人生で親以外の人から育て直してもらえる可能性を児童文学の主人公や実在の人物で見いだしたのです。

さて、「三つ子の魂」を育むのは、一般的には父と母をはじめとした家族ですから、何をさておいても家庭が安全で安心できる場にならないといけませんし、そのためには夫婦円満が欠かせないのです。夫婦の良い関係があってはじめて、子育てがスムーズにいきます。ですから私は、夫婦中心主義を主張して、子ども中心主義の立場をとらないのです。日本では、子どもこそすべてと考えて、自分の人生の中心におく母親が、子どもと母子密着になる傾向があるので、夫婦を中心においた育児がちょうどよいと思います。そうではなくて、「子ども中心の母親」と「仕事中心の父親」になってしまい、二人の生活と心が断ち切られているようでは、夫婦円満は望めません。また、夫婦がケンカばかりして争っているよりも、離婚して母子家庭や父子家庭になる方がよい場合があります。一人親で大変でしょうが、暴力や暴言のない安心できる家庭を持てるからです。

私は健全な「三つ子の魂」が心の健康に不可欠だと考えるので、一番大切な安心感を奪ってしまう体罰を全面否定します。大声でどなったり、ののしったりする暴言も同様です。国連の子どもの権利委員会は、日本政府に対して、あらゆる体罰を禁止するように勧告し続けています。日本社会が未だに体罰を容認しているからです。日本の育児が〝グローバル・スタンダード〟に達するためには、体罰の禁止は欠かせません。

いくら、しつけや教育のためだからと、「お前のためを思って」と叩いたとしても、幼い子どもの記憶に残るのは痛みと恐怖であって、「人を叩いてもいいのだ」という学びです。その後、「言っても分からないから、叩いて分からせる」という理屈で、友だちを叩き、恋人やパートナーを叩き、わが子を叩く大人として生きる人もでてくるのです。暴力と言葉の暴力は連鎖していきます。わが子を叩いてしつけをした親が、50年後に認知症の高齢者になったとき、中年のわが子から「言っても分からないから、叩いて分からせる」とひどい扱いをされても文句を言えないのではないでしょうか。これも「親の因果が子に報い」の一例であって、最近、実態が明らかになりつつある高齢者虐待の中には、こうした事例がどれほどあるか分かりません。

ここで、「三つ子の魂百まで」の典型的な人物を紹介します。2012年に百歳で亡くなった映画監督の新藤兼人《しんどうかねと》さんは、乳幼児期の魂を百歳まで持ち続けた人です。新藤さんは小学生になっても母親のおっぱいを吸い、母親に抱かれて寝ていたので、自らをマザコン以上のマザーべったりと言っていますし、少年時代に母親を亡くしたために、母への想いが強く残っているのです（新藤・乙羽、1986年）。

ぼくは母が四十一歳の時の子ですよ。末子だから、一番長く母の乳を吸っていたんです。もう出なくなっても吸っていましたから。それでぼくが十五の時に亡くなったんですが、それまでは母のうしろをどこにいくにもついていったしね。
母親の中で生きてきたんです。母乳でずっと育って、寝る時には母親の胸の中に入って眠るんですから、母の匂いというものが強烈に入ってきますよ。だから母親の匂いに似た匂いが好みになるし女性についての考え方も、母というものを一度通してみるようになるんですね。そうしてくるとセックスにしても母に似た匂いだとか、母に似た体つきだとか腰つきだとか、好みになるんです。体質ということでも当然母乳で育ったんだから似ないはずがない、ということで、いろいろ母のものを受け継いでいると思いますよ。

15歳で母親を亡くしたというつらい出来事は、しかし「マザーべったり」を断ち切る意義があったはずです。

新藤さんは最初の妻孝子さんと死別した後に見合い結婚をしましたが、二人目の妻美代さんとは相性が悪く、自分が監督した映画に主演した女優の乙羽《おとわ》信子さんと不倫の関係になったのです。後に、三人目の妻となった乙羽さんは最初の妻とよく似ていたそうです。ということは、孝子さんも乙羽さんもお母さんに似た女性だったのでしょう。27歳の乙羽さんと深い関係になった40歳の新藤さんは、愛人時代の26年を含めて、乙羽さんがガンで亡くなるまで43年間添い遂げました。こうして、新藤さんの百年の生涯は、お母さんの胸の中で育まれた「三つ子の魂」をいだきながら、妻たちと共に生きた人生といえるのです。しかし新藤さんは、二人目の妻を裏切り続け、妻と乙羽さんの二人の女性を傷つけ続けました。決してほめられたものではありませんが、過ちを犯し矛盾を抱える生身の人間として生きぬいた百年でした。

新藤さんが乙羽さんと共に制作した映画は、国際映画祭でも受賞を重ねてきて、長年の功績によって文化勲章を受章した新藤さんは、99歳になってもなお、死の数か月前まで撮影し続けたのでした。百年の生涯で49本の映画を監督した新藤さんのテーマは、母親から育まれた人間愛や家族愛、そして男女の性であり、人間の善と悪を追求し続け、自分の一生を映画に撮り続けたともいえるでしょう。その中にあって、人間性の悪の象徴が戦争です。広島で生まれ育ち、軍隊生活を送った新藤さんは、人間の心と家族の幸福をこれ以上破壊しないために、反戦・反核映画を撮り続けたのでした。

一方、乙羽信子さんは、魚問屋の若旦那の父と芸者の母の間に産まれた私生児で、両親の結婚が許されずに母から引き離されて、父の家に引き取られました。しかし、育てたのは父の妹だったのです。そして、2歳になって父の縁談の話が持ちあがり、じゃまな存在になった乙羽さんは養子に出されてしまいました。まんじゅう屋の夫婦に引き取られて、養父にかわいがられましたが、養母には冷たくされて、心を許せたのは養父だけだったのです。養父母が不仲なために、陰気な家の中で暗い子ども時代を送りながらも、容姿と知性に恵まれていた乙羽さんは努力を重ねて、宝塚歌劇団の娘役と映画会社大映で女優として活躍しました。そして、映画監督の新藤さんと出会って強い影響を受けてから、大映を退社して新藤さんが主催する近代映画協会に移って、人間として尊敬できる新藤さんとのコンビで44本の映画に出演し続けたのでした。
実親からは愛情を得られず、「三つ子の魂」を育ててもらえませんでしたが、2歳までは実父の妹、その後は養父母、そして27歳からは新藤さんが人生の同伴者として、乙羽さんの淋しい魂を支え続けたのです。二人は26年間の不倫関係の末、新藤さん66歳・乙羽さん53歳で正式に夫婦となりました。
乙羽さんは自身の半生をすべて自伝に記してから、「あとがき」でこう結んでいます（乙羽・江森、1981年）。

この程度の私の半世紀にわたるよろこび、悲しみ、苦しみなどは、形は違っても、誰にでもあることで、特に目新しいものではないでしょうが、それでも、これから人生を歩まれる人々に、何か少しでもお役に立てるものがあれば、幸いだと思っております。

1994年12月、ガンが進行して臨終《りんじゅう》の床に伏せている乙羽さんに新藤さんは口づけをしましたが、その時、新藤さん83歳・乙羽さん70歳でした。二人が最期まで男と女として愛し合った様子が分かります（新藤、1995年）。

唇がうごいたので、顔をよせると、

「センセイが、目がみえなくなったら、仕事をやめて、手をひいてあげようと思ったのに……」

低い声で言った。やっと声にしたようであった。それきり、じっとわたしを見ているので、わたしは唇づけをした。乙羽さんはこたえたが、舌にはちからがなかった。乙羽さんは目を閉じた。ベッドにかがみこんでいたわたしは、体を起して、乙羽さんの白い顔を見ていた。

わたしは、なにもしてあげることがないので、毛布の下の乙羽さんの腕をとってさすっていた。口のきけない乙羽さんに、それはわたしの対話であった。

腕が、しだいに冷えていくような気がしてきた。これが別れなんだな、とわたしはさすりつづけた。乙羽さんの呼吸がとまった。医師が御臨終ですと言った。

口づけする、そして腕をさすりつづけるという深い情愛を伴った夫婦間の身体接触は、死に直面しているからこそ、魂のこもった行為となったのでしょう。

不倫の恋を貫いて、99歳まで仕事をし続けた新藤さんの百歳の人生をとてもまねできませんが、新藤さんの生涯からは、悩み苦しみながらも自己を肯定して、かけがえのない人を愛し信頼して、親密な関わりあいを重ねて人生を全うした「三つ子の魂百まで」の姿を学べるのです。

最後に、子は親を選べないし、産まれる家庭も時代も選べません。子どもにとっては、自分の力ではどうしようもできない中で「三つ子の魂」が育ってしまいます。傷ついた魂、淋しい魂、そして不健全な魂もたくさんあります。三つ子の間に経験したできごとは消えませんし、過去も変えられません。しかし、かつての子どもたちは、過去を背負いながら、今を生き、未来に向かって歩んでいます。

「三つ子の魂」は、人の生涯にわたって影響を与え続けますが、人間は「三つ子の魂」に支配されるばかりの存在ではありません。どんな魂であっても、その後に出会ったかけがえのない人と共に百歳まで生きようとする存在なのです。一方親は、わが子の人生の終末を見届けられません。子どもの生涯に最後まで寄り添えないのが親ですから、親ができることは限られています。できるのは、百年の人生のスタート地点にいる三つ子に健全な魂が育つように、親子が安心して過ごせる家庭を築くことです。

それこそが親の大切な務めであり、親としての大きな幸せなのです。

引用・参考文献

【絵本】
酒井駒子（１９９９年）『よるくま』偕成社

【育児書】
明橋大二（２００５年）『子育て　ハッピーアドバイス』一万年堂出版
明橋大二（２００６年）『子育て　ハッピーアドバイス２』一万年堂出版
石坂　啓（１９９３年）『赤ちゃんが来た』朝日新聞社
石田勝正（１９９３年）『抱かれる子どもはよい子に育つ』ＰＨＰ研究所
井深　大（１９７１年）『幼稚園では遅すぎる――人生は三歳までにつくられる！』ごま書房
佐々木正美（１９９８年）『子どもへのまなざし』福音館書店
詫摩武俊（１９９５年）『三つ子の魂――三歳の一年が一生を左右する』光文社
平井信義（１９９４年）『子ども中心保育のすべて』企画社
ＰＨＰのびのび子育て（２０１２年）『「抱きしめる」ほど、たくましくなる！――もっと、もっと、甘えさせて』ＰＨＰ研究所
松田道雄（１９７３年）『日本式育児法』講談社
松田道雄（１９９９年）『定本　育児の百科』岩波書店

【一般書】

飯島　愛（2000年）『プラトニック・セックス』小学館
石亀泰郎（1999年）『さあ森のようちえんへ――小鳥も虫も枯れ枝もみんな友だち』ぱるす出版
大塚ひかり（1997年）『源氏の男はみんなサイテー――親子小説としての源氏物語』マガジンハウス
大塚ひかり（全訳）（2009年）『源氏物語』ちくま文庫
岡しのぶ（1996年）『もし君と結ばれなければ――飛び立てぬ十九歳の歌集』文藝春秋
岡本かの子（1925年：復刻1994年）『岡本かの子全集　第9巻　短歌集「浴身」』ちくま文庫
乙武洋匡（2013年）『自分を愛する力――僕が明るく生きられる理由』講談社
乙羽信子・江森陽弘（1981年）『どろんこ半生記』朝日新聞社
鹿島和夫・灰谷健次郎（1981年）『一年一組　せんせいあのね』理論社
柏木惠子（2008年）『子どもが育つ条件――家族心理学から考える』岩波書店
香山リカ（2010年）『母親はなぜ生きづらいか――母親と子育てを問い直す』講談社
鯨岡　峻（2009年）『〈育てられる者〉から〈育てる者〉への世代間伝達を考える』南山大学人間関係研究センター　春の公開講演会
孔子『論語』金谷治（訳注）（1963年）岩波書店
厚生省（監修）（1998年）『平成10年度　厚生白書』日経印刷
越川禮子・林田明大（2006年）『「江戸しぐさ」完全理解』三五館
佐佐木幸綱（1970年）『第一歌集　群黎』青土社

渋沢栄一（1928年：復刻1985年）『論語と算盤』図書刊行会
小学館ドラえもんルーム（編）（2006年）『ドラことば　心に響くドラえもん名言集』小学館
新藤兼人・乙羽信子（1986年）『ふたりの居る場所』番匠庵
新藤兼人（1995年）『愛妻記』岩波書店
鈴木大介（2010年）『家のない少女たち――10代家出少女18人の壮絶な性と生』宝島社
先天性四肢障害児父母の会（編）（1999年）『これが　ぼくらの五体不満足』三省堂
先天性四肢障害児父母の会（編）（2003年）『わたしの体　ぜんぶだいすき』三省堂
瀬戸内寂聴・瀬戸内晴美（1990年）『わが性と生』新潮社
恒吉僚子・ブーコック、S（1997年）『育児の国際比較――子どもと社会と親たち』日本放送協会
堂本　剛（2005年）『ぼくの靴音』集英社
長尾　剛（2004年）『陽明学がわかる本――武士道の源流 日本人の人生美学をさぐる』PHP研究所
中川志郎（2008年）『パンダは舐めて子を育てる』ワック
根ヶ山光一（2006年）『〈子別れ〉としての子育て』日本放送出版協会
バーネット、F・H（1909年）『秘密の花園』土屋京子（訳）（2007年）光文社
福沢諭吉（1899年）『女大学評論・新女大学』林　望（監修）（2001年）講談社
マイケル・ジャクソン（1988年）『ムーン・ウォーク――マイケル・ジャクソン自伝』田中康夫（訳）（2009年）河出書房新社
松沢哲郎（2011年）『想像するちから――チンパンジーが教えてくれた人間の心』岩波書

店
水谷　修（2004年）『夜回り先生』サンクチュアリ出版
水谷　修（2013年）『夜回り先生の幸福論――明日は、もうそこに』海竜社
山口　創（2003年）『愛撫・人の心に触れる力』日本放送出版協会
山口百恵（1980年）『蒼い時』集英社
与謝野晶子（1901年：復刻1973年）『みだれ髪』主婦の友社

【専門書】

アイブル＝アイベスフェルト、E（1989年）『ヒューマン・エソロジー――人間行動の生物学』日高敏隆（監修）、桃木暁子他（訳）（2001年）ミネルヴァ書房
ウィニコット、D（1987年）『ウィニコット著作集　第1巻　赤ん坊と母親』成田善弘・根本真弓（訳）（1993年）岩崎学術出版社
エリクソン、E・H（1982年）『ライフサイクル、その完結　増補版』村瀬孝雄・近藤邦夫（訳）（1989年）みすず書房
金子龍太郎（1996年）『実践発達心理学――乳幼児施設をフィールドとして』金子書房
金子龍太郎（2004年）『傷ついた生命を育む――虐待の連鎖を防ぐ新たな社会的養護』誠信書房
西條剛央（2004年）『母子間の抱きの人間科学的研究――ダイナミック・システムズ・アプローチの適用』北大路書房
竹下秀子（2001年）『赤ちゃんの手とまなざし――ことばを生みだす進化の道すじ』岩波書店

ハーロウ、H・F（1971年）『愛のなりたち』浜田寿美男（訳）（1978年）ミネルヴァ書房
Hassenstein, B.（1987年）Verhaltensbiologie des Kindes. Piper.
フリード、A・O（1992年）『回想法の実際――ライフレビューによる人生の再発見』黒川由紀子・伊藤淑子・野村豊子（訳）（1998年）誠信書房
ボウルビィ、J（1951年）『乳幼児の精神衛生』黒田実郎（訳）（1962年）岩崎書店
ボウルビィ、J（1982年）『母子関係の理論Ⅰ（新版）愛着行動』黒田実郎他（訳）（1991年）岩崎学術出版社
ボウルビィ、J（1988年）『母と子のアタッチメント――心の安全基地』二木武（監訳）（1993年）医歯薬出版
モリス、D（1967年）『裸のサル』日高敏隆（訳）（1979年）角川書店
モリス、D（1971年）『ふれあい――愛のコミュニケーション』石川弘義（訳）（1993年）平凡社
モンターギュ、A（1971年）『タッチング――親と子のふれあい』佐藤信行・佐藤方代（訳）（1977年）平凡社
モンターギュ、A（1981年）『ネオテニー――新しい人間進化論』尾本恵市・越智典子（訳）（1986年）どうぶつ社

おわりに

ここまで本を読み進めて下さった皆さん、一人の人間が幸せに生きるヒントをつかんでいただけましたでしょうか。

千年前の文学「源氏物語」に描かれていた人間模様から読み取れるのは、たとえ高貴な家に産まれても、才能があってもルックスが良くても幸せになれるとは限らず、幸せと不幸せは人の心の中にあるという真実でした。そして、その心を成り立たせているのが「三つ子の魂」であって、胎内のときから2歳くらいまでの子育てで、魂のありようが決まってしまう事実を様々な資料に基づいて説明しました。

私は日本の児童福祉施設で、そして国際児童福祉組織SOS子どもの村で、親に育てられなかったり傷つけられて、不幸せのどん底に堕ちてしまった子どもたちが、親ではない大人たちに救われて成長していく姿を見てきました。その一方で、裕福で社会的に地位の高い家庭に育つ子どもたちが、必ずしも幸せではない、という事実を知りました。その原因は不適切な育児（マルトリートメント）にあり、親が良かれと思って行う行為が、過干渉や溺愛として、子どもを支配・コントロールしたことによるのです。結論として、放任や虐待でもなく、過干渉や溺愛でもない、親と子の良好な関係を保つのが重要だと思います。そのためにこの本では、ほど良い育児と子離れ・親離れを大切なポイントとして取り上げたのです。持つべき親の意識として、授かった子どもを預かっているのであって、作った子どもを所有しているのではないからです。

まず、ほど良い育児のためには、親のペースで〝テキトー〟にすればよく、安全な家の中では、赤ちゃんを一人で置いたり、しばらく泣かせてもいいのです。その方が、がまんを覚えるし、この世は自分の思い通りにならないのだと学べます。また、一日中抱っこをしなくても、しばらく放っておいても健全な「三つ子の魂」は育ちます。

次に、子離れ・親離れについて説明します。たしかに、幼いときには親の存在はなくてはなりませんし、親から強い影響を受けます。何よりも、生涯にわたって親の影響が続くから、「三つ子の魂百まで」なのです。しかし、思春期以降の60年に及ぶ歳月は、成長したかつての子どもが自らの足で歩む日々で、その間は親以外の人たちと支えあって生きていきます。

約20年育ててくれた親元から巣立つ人が、その後の60年の人生を幸せに生きるには、たとえ良い親であっても心理的に離れる必要があります。人間の心身の成長は、そのようにできています。ですから、3歳頃の第一自立期になると、親の手を借りずに自分でやりたがりますし、10代半ばの思春期の第二自立期に入ると、親の間違いや欠点が分かるようになり、従ってばかりの子どもではなくなって、子離れと親離れの準備が整います。その間、親以外の人たち、つまり、友だち、先生、恋人というかけがえのない人たちと出会うのです。中には、親以上の影響を受けて、人生を決定づける出会いがあります。その一番が結婚です。親に育てられた子どもが成長して、心惹《ひ》かれる異性と出会って新たな家庭を築き、今度はわが子を育てる親として生きていく。その姿を見守る親たる者、親よりも結婚相手を大切にできるまで成長して、親離れできたわが子の巣立ちを喜びたいですね。こうして、生涯にわたる人間関係を眺めると、親は絶対ではないし、「三つ子の魂」も絶対ではない、というのが私の意見です。親も「三つ子の魂」も、あくまでも人生の基盤であって、すべてを決めるものではありません。

親という存在は、悪気がなくても、無意識に子どもを所有して、支配し、コントロールしようとします。親からすれば愛情があるから、子どものためを思ってでしょうが、過干渉や溺愛となって、子どもの自立を妨げてしまいます。さらに、親は間違うし、失敗するし、欠点もあります。親としての自分を絶対だと思わずに、自立していく子どもと対話しながら、日々親として成長するよう願います。

こうして、80年におよぶ人の生涯では、親との関係に加えて親以外の人との関わりによって、人の心は幸福と不幸の間で揺れ動きます。人間関係に影響を与え続けるのが、人への信頼感や自分を肯定する心という「三つ子の魂」で、良い関係を築くカギとなります。その際、どんな自分であっても、自分を好きになって自分を大切にできるようになってほしいですね。たとえ親から嫌われたとしても、大切にされなかったとしても、そんな自分を受け入れて好きになってくれる人と出会えるんだと信じる力が、傷ついた魂や不健全な魂の中にも秘められています。

「三つ子の魂」も成長していくのです。

この本を彩《いろど》る数々の写真は次の方々から提供していただきました。

森と子どもが共に育つ「せた♪森のようちえん」を主催する西澤彩木さん。ほのぼのとした家族の写真を提供下さった綾牧生さん。ディディモス日本代理店の今成ディィナさん。京都大学霊長類研究所の落合知美さん。そして、今回も写真を使わせてもらったＳＯＳ子ども村カメラマンのFred Einkemmerさん。加えて、著作権のある写真の使用を許可して下さった、amanaimages、ＡＦＰ＝時事、ビクターエンタテインメント、ワーナー・ホーム・ビデオの各社にお礼申し上げます。

この本には、金子家のエピソードをいくつも入れました。私を夫として父親として育ててくれた妻と娘、そして今では社会人となった娘を乳児の時から見守って下さった星野夫妻に感謝いたします。

本で取り上げた数々のエピソードは、龍谷大学の講義で学生たちに話してきたものです。

学生の感想を参考にしながら本を構成しました。受講してくれた学生諸君、どうもありがとう。

最後に、この本でも編集の労をとって下さった明石書店の森本直樹さんには敏速な編集作業をしていただき、お世話になりました。

２０１４年５月

琵琶湖をのぞむ、新緑の大津市瀬田丘陵にて

金子龍太郎

著者紹介

金子龍太郎（かねこ・りゅうたろう）
1956年生まれ。広島大学大学院教育学研究科修士課程修了。学術博士（広島大学）。社会福祉法人広島修道院児童指導員、北陸学院短期大学保育科助教授を経て、現在、龍谷大学社会学部臨床福祉学科教授。専門は発達心理学、児童福祉。
主な著書に、『新たな家庭・ＳＯＳ子どもの村――国際ＮＧＯ・ＳＯＳキンダードルフに基づく里親コミュニティ』（共著、明石書店、2010年）、『実践発達心理学――乳幼児施設をフィールドとして』（金子書房、1996年）、『傷ついた生命《いのち》を育む――虐待の連鎖を防ぐ新たな社会的養護』（誠信書房、2004年）など。

抱っこで育つ「三つ子の魂」
幸せな人生の始まりは、ほど良い育児から

2014年 6 月16日　初版第 1 刷発行
2018年 5 月 5 日　初版第 2 刷発行

著　者　金子龍太郎
発行者　大江道雅
発行所　株式会社 明石書店

〒101-0021　東京都千代田区外神田 6-9-5
電　話　03（5818）1171
ＦＡＸ　03（5818）1174
振　替　00100-7-24505
http://www.akashi.co.jp/

装　幀　明石書店デザイン室
印刷所　株式会社文化カラー印刷
製本所　協栄製本株式会社

（定価はカバーに表示してあります）　ISBN978-4-7503-4029-6

JCOPY 〈（社）出版者著作権管理機構 委託出版物〉
本書の無断複写は著作権法上での例外を除き禁じられています。複写される場合は、そのつど事前に、（社）出版者著作権管理機構（電話 03-3513-6969、FAX 03-3513-6979、e-mail: info@jcopy.or.jp）の許諾を得てください。

JASRAC　出 1406641-401

新たな家庭・SOS子どもの村 国際NGO・SOSキンダードルフに基づく里親コミュニティ
金子龍太郎、中島賢介著・訳 ◉2200円

子どものための親子論 〈親子になる〉という視点
芹沢俊介 ◉1600円

子どもの育ちをひらく 親と支援者ができる少しばかりのこと
牧 真吉 ◉1800円

考える力、感じる力、行動する力を伸ばす **子どもの感情表現ワークブック**
渡辺弥生編著 ◉2000円

発達につまずきがある子どもの子そだて はじめての関わり方
湯汲英史編著 発達障害がある子の「生きる力」をはぐくむ1 ◉1500円

アタッチメント 子ども虐待・トラウマ・対象喪失・社会的養護をめぐって
庄司順一、奥山眞紀子、久保田まり編著 ◉2800円

保育の周辺 子どもの発達と心理と環境をめぐる30章
庄司順一 ◉1900円

家族が変わる 子育てが変わる コミュニケーションのヒント
子どもの生きる力を育てる
岡田隆介 ◉1600円

むずかしい子を育てるペアレント・トレーニング 親子に笑顔がもどる10の方法
野口啓示著 のぐちふみこイラスト ◉1600円

むずかしい子を育てる **コモンセンス・ペアレンティング・ワークブック**
野口啓示著 のぐちふみこイラスト【DVD付】 ◉1800円

育つ・育てる・育ちあう 子どもとおとなの関係を問い直す
井上寿美、笹倉千佳弘 ◉1800円

施設で育った子どもたちの語り
『施設で育った子どもたちの語り』編集委員会編 ◉1600円

タイム・バインド（時間の挟み状態） **働く母親のワークライフバランス**
仕事・家庭・子どもをめぐる真実
A・R・ホックシールド著 坂口緑、中野聡子、両角道代訳 ◉2800円

親力をのばす0歳から18歳までの子育てガイド **ポジティブ・ディシプリンのすすめ**
ジョーン・E・デュラント著
社団法人セーブ・ザ・チルドレン・ジャパン監修 柳沢圭子訳 ◉1600円

子どもと福祉 児童福祉、児童養護、児童相談の専門誌
『子どもと福祉』編集委員会 編 【年1回刊】 ◉1700円

そだちと臨床 児童福祉の現場で役立つ実践的専門誌
『そだちと臨床』編集委員会編集 【年2回刊 4月・10月】 ◉1600円

〈価格は本体価格です〉